目录

05 卷首语

纵 论

06 世界中国 旅游未来——为中国世纪创想休闲·游憩·旅游蓝图　吴必虎

24 面向"十二五"规划的社会经济发展趋势与旅游业响应　崔凤军

产 业

32 休闲文化与休闲规划　魏小安 姜波

42 会议经济与旅游城市创新发展　高舜礼

48 基于传播学视角的旅游交易会展示效果研究
　　——以2009中国国际旅游交易会及2010中国国内旅游交易会为例　罗秋菊 崔友津

分 论

58 旅游度假区发展历程与趋势分析　周建明

68 大遗址旅游规划开发问题及模式探讨——以唐大明宫遗址公园为例　马耀峰 张佑印

78 走向体验的旅游建筑　王珏

管 理

86 旅游规划设计的质量保障与控制体系研究　石培华 郑斌

92 旅游规划需要什么样的人才　戴学锋

案 例

94 旅游规划的战略升级与模式创新——东部华侨城的实践与启迪　董观志

102 杭州萧山区旅游产品定位分析——以典型案例地萧山区为例　刘家明 王润 张宪玉

CONTENTS

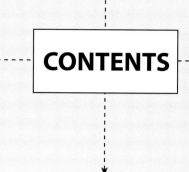

05   Preface

General Research

06   World China , Tourism Future
       ——Creative imagination for Leisure, Recreation and Tourism in China Century *Wu Bihu*

24   Socio-economic Development Trends and Tourism Industry Responses in the Next Five Year Plan *Cui Fengjun*

Industry

32   Leisure Culture and Leisure Planning *Wei Xiaoan   Jiang Bo*

42   The Innovative Development of Meeting Economy and Tourism City *Gao Shunli*

48   Communication-studies-based Travel Mart Effectiveness Research
       ——the Case Studies of 2009 China International Travel Mart and 2010 China Domestic Travel Mart *Luo Qiuju   Cui Youjin*

Special Investigation

58   Analysis on Development and Trend of Tourist Resorts *Zhou Jianming*

68   Tourism Planning and Development Models of Large-sized Historic Sites
       ——A Case Study of Daming Palace Site of Tang Dynasty *Ma Yaofeng   Zhang Youyin*

78   Experiencing Tourism Architectures *Wang Jue*

Management and Administration

86   Research on Quality Guarantee and Control System of Tourism Planning and Design *Shi Peihua   Zheng Bin*

92   What Abilities A Tourism Planner Required *Dai Xuefeng*

Case Studies

94   The Strategic Upgrade and Operational Innovation of East Overseas Chinatown,Shenzhen *Dong Guanzhi*

102 Tourism Product Positioning Analysis for Xiaoshan District, Hangzhou *Liu Jiaming   Wang Run   Zhang Xianyu*

旅游规划与设计
TOURISM PLANNING & DESIGN
旅游规划・景观建筑・景区管理

NO.1 | 北京大学旅游研究与规划中心 主编
中国建筑工业出版社 出版

旅游规划与设计
TOURISM PLANNING & DESIGN
旅游规划·景观建筑·景区管理

主编单位：
北京大学旅游研究与规划中心

出版单位：
中国建筑工业出版社

编委（按姓名拼音序）：

保继刚（中山大学）	陈　田（中国科学院）	陈可石（北京大学深圳研究生院）
高　峻（上海师范大学）	刘　锋（国务院发展研究中心）	刘滨谊（同济大学）
刘德谦（北京联合大学）	马耀峰（陕西师范大学）	石培华（中国旅游研究院）
王向荣（北京林业大学）	魏小安（中央民族大学）	谢彦君（东北财经大学）
杨　锐（清华大学）	杨振之（四川大学）	张　捷（南京大学）
张广瑞（中国社会科学院）	周建明（中国城市规划设计院）	邹统钎（北京第二外国语学院）

主　编： 吴必虎
副主编： 戴林琳（常务）　汪　芳　王　珏　杨小兰　方起东
编辑部主任： 刘　鲁
责任编辑： 焦　扬
编　辑： 黎筱筱　邢珏珏　崔　锐
装帧设计： 常思明　高　宇
责任设计： 李志立
责任校对： 关　健
运营总监： 盛永利

图书在版编目（CIP）数据

旅游规划与设计 1 / 北京大学旅游研究与规划中心主编. -- 北京：中国建筑工业出版社，2010.8
ISBN 978-7-112-12306-3

Ⅰ.①旅… Ⅱ.①北… Ⅲ.①旅游业－经济规划－中国 Ⅳ.①F592.1

中国版本图书馆CIP数据核字(2010)第140687号

旅游规划与设计 1

北京大学旅游研究与规划中心　主编
＊
中国建筑工业出版社出版、发行（北京西郊百万庄）
各地新华书店、建筑书店经销
北京方嘉彩色印刷有限责任公司印刷
＊
开本：880×1230毫米　1/16　印张：6¾　　字数：270千字
2010年8月第一版　2010年8月第一次印刷
定价：38.00元

ISBN 978-7-112-12306-3
　　　　(19557)

版权所有　翻印必究
如有印装质量问题，可寄本社退换
（邮政编码　100037）

《旅游规划与设计》 卷首语

梦想编辑一本关于旅游的期刊，折磨着我不止三年五年。近十年来，随着不断接触各种类型的旅游规划，特别是有机会主持编制北京、杭州、成都、西安等城市的旅游总体规划，以及撰写《旅游规划原理》一书过程中对国内外旅游文献的综述，使我逐步认识到旅游规划与设计研究是一个涉及学科特别广泛、理论结合实际最为密切的领域。在不远的将来，中国不仅将是接待游客最多的国家，同时也会是产生游客最多的国家；中国不仅将是世界上旅游产业规模最大的国家，同时也将是人才需求、产品供给、咨询需求最大的国家。中国旅游业经过1978年改革开放以来30多年的发展，已经进入了由观光旅游向休闲度假旅游、商务会展旅游等较高层次发展的阶段。观光旅游主要基于自然或历史资源，而度假旅游与商务旅游很大程度上需要较多的人工设计与开发管理。这意味着未来30年或者更长的时期，我们将会面临更多的新旅游项目的策划、规划、设计和管理等市场需求。

旅游规划与设计面向旅游市场需求规模本身的增长，面向旅游产品发展演变的阶段性增长，代表了一个旅游研究的学科发展方向。基于这一认识，北京大学旅游研究与规划中心与中国建筑工业出版社经过协商决定共同组织编辑一种系列出版物，目的在于增强旅游规划与设计的理论研究与实际操作成果的形成与交流。这一计划受到了全国许多知名学者和机构的支持和鼓励，其中一部分学者还自愿担任本系列出版物的编委。正是有了他们的热情帮助和积极参与，使得我们更加坚定了编辑这一出版物的信念和决心。

为旅游目的地建设提供理论、技术、经验和思想交流平台，是《旅游规划与设计》的基本任务。这个任务概括起来讲就是旅游产业发展规划、旅游景观设计与建筑设计、旅游景区管理等三大板块。我们给这套系列出版物的基本定位是希望其具有理论基础而不脱离客观实际，基于实际应用但不忽视基本理论。旅游规划与设计研究涉及数十个学科领域，我们期待并欢迎来自多学科、跨领域的研究成果和实际经验的提炼交流。作为首期出版物，这一期的内容显得比较宽泛，但希望给读者描绘一幅"中国世纪里的旅游发展"这样一种宏大场面。今后各期，我们将会根据旅游发展整体格局，分别选择针对性较强的专题，深度地、跨学科地反映旅游规划与设计领域的最新思想、最时尚的潮流和最透彻的案例分析。如果你需要一个舞台，请现身《旅游规划与设计》；如果你需要传播你的理想，请登录《旅游规划与设计》；如果你想寻找一个问题的答案，请垂询《旅游规划与设计》。为你提供满足上述需求的潜心服务，就是《旅游规划与设计》的核心价值追求。

2010年7月8日，于北大未名湖畔

上海世博会世博轴

世界中国 旅游未来
——为中国世纪创想休闲·游憩·旅游蓝图

文/吴必虎

【摘要】 旅游业，全球最大的产业之一，在瞬息万变的新时代，亦呈现出新的发展方向和演变趋势。虽然受金融危机等事件的影响，但旅游业表现出"敏感而坚强"的特征，危机一过，即刻恢复；因为休闲社会、"泛旅游"和云市场·泛产品时代已经到来，一场新的旅游革命悄然降临。全球旅游地图正在发生"向东看、朝东走"的剧烈变化；新兴旅游市场崛起，尤其亚太地区飞速发展，引领世界旅游；从世界地图角度和中央政府的动员令来透视，Tourism Made in China已经开始创造不一样的旅游风景。那么充满变化的旅游业的未来到底是怎样的呢？政治、经济、社会、价值观及生活方式、环境、技术等改变我们生活的趋势告诉你。未来中国的观光市场在哪里呢？千万流动大军的八亿农民告诉你。中国旅游规划与设计的梦想是什么呢？建设成为度假天堂的中国城市告诉你。

【关键词】 中国旅游；旅游市场；趋势分析

作者简介： 吴必虎 北京大学教授，博士生导师，北京大学城市与环境学院旅游研究与规划中心主任。研究方向为：城市与区域旅游规划、目的地管理与营销以及更广泛的旅游与游憩研究领域。

一、旅 游

现代旅游业产生于19世纪中叶，20世纪是世界旅游业的大发展时期。特别是二战以后，相对稳定的发展环境，不断改善的社会经济状况，使旅游业一跃成为全球最大的产业之一。21世纪以来，世界经济进入一个格局变化的新阶段、新时代，世界旅游业也随之呈现出新的发展方向和演变趋势。

（一）"敏感而坚强"地增长着的全球旅游业

受金融危机、油价上涨、汇率波动等世界经济形势以及H1N1流感等危机事件的影响，2009年全球旅游需求有所回落，旅游业发展速度有所下降。但是，正如以往多次的世界范围内的旅游危机历程表明的那样，旅游活动已成为人类基本需求之一，为其提供产品和服务的旅游业表现出"敏感而坚强"的特征，危机一过，即刻恢复。联合国世界旅游组织（UNWTO, 2009a）表示，随着世界经济形势的好转，全球旅游业在2010年初已经开始恢复。根据UNWTO（2009b）的预测，到2020年国际入境旅游人数预计将近16亿，在1995~2020年期间的年平均增长率为4.1%，这远高于世界财富3%的最大年增长率（Dwyer et al., 2007）。尽管旅游业最近几年的发展很不稳定，UNWTO相信预测的基本趋势不会有很大的改变，短期的衰退将在中长期得到补偿。到2030年，将有19亿国际游客，世界旅游收入将增长到2万亿美元（Yeoman, 2008）。世界旅游与旅行理事会（WTTC, 2009a）亦表示，虽然2009年全球旅游业受到冲击，但仍将会维持其在世界经济中的领导地位，在全球经济增长中扮演重要的角色。WTTC预计，旅游业占国内生产总值（GDP）的比例将从2009年的9.4%（54 740亿美元）上升到2019年的9.5%（104 780亿美元）。

旅游业的"坚强"的发展势头不仅体现在旅游人数、旅游收益的增长，其在就业岗位的创造、出口创汇等方面也表现出迅猛势头。WTTC（2009a）预计，全球旅游业提供的就业岗位从2009年的2.20亿份，提高到2019年的2.76亿份，从占据整体就业市场的7.6%、平均每13.1份工作中会产生1份工作，到2019年占据就业劳务市场的8.4%，每11.8份工作中就有1份是从旅游业中产生。从国际游客和旅游商品产生的出口收益，估计将会从2009年的19 800亿美元（占总出口额10.9%），增长到2019年的41 320亿美元（占9.8%）。此外，旅游相关的交通、住宿、餐饮、娱乐等各个部门也都表现出快速增长（Cole & Razak, 2009）。空中客车公司（Airbus, 2009）预测，2009~2028年间全球对新客机和货机的需求量将有24 951架，波音公司（Boeing, 2009）也预测，在未来20年里航空运输的年增长率将达5%。

（二）休闲社会：度假成本与就业成本的博弈

为什么全球旅游业发展虽然敏感却能坚强增长？一种解释是，在工业化、城市化社会发展进程中，休闲、旅游活动已经成为人们不可或缺的生活方式；就业机会成为社会稀缺资源，政府为公民提供休假机会的成本要远低于为其创造就业机会的成本，创建全民休闲度假制度、鼓励适度的带薪休假，成为双方博弈的必然后果。有相当长的时期，人们对旅游业的重视，仅仅聚焦于其在经济方面的重要作用。但如果眼睛只看钱，显然把旅游看低了：我们必须要从社会控制角度看待休闲和旅游事业的发展。我们可以把人类社会发展进程分成四个阶段，即农业社会、工业社会、信息社会和休闲社会。在休闲社会里，人类的时间配置可以分为三个维度，也就是说，人类时间利用的分布，主要配置于工作、学习、游憩（休闲与旅游）三个方面。

西方国家走过的历程反映出游憩（休闲与旅游）是一种普遍性存在。对于中国人来说，休闲与旅游也将逐渐成为生活方式的重要组成部分。经济发展、科技进步和信息发达，使人们用于劳动的时间越来越少。中国经济持续增长，中国人已普遍具备出游能力（其中城镇居民具备经济与闲暇双重条件，乡村人口具备闲暇条件）；现代社会生活节奏加快，生存压力增大，城市中80%以上的人群处于亚健康状态，许多人选择休闲旅游来放松身心（吴必虎，2009）。中国经济平均以8%的比率增长，实际上在东部沿海地区，在城市地区比这个更快。因此中国公民尤其是城市居民到外地甚至海外旅游的条件已经逐步形成了。在闲暇时间方面，一年中有115天的法定节假日，这种闲暇时间资源在不久的将来还会有所增加（可与现代西方国家比较），例如目前，人们上班可能在路上要花费一两个小时，不远的将来，以3G为代表的网络技术可以让一部分人在家里办公，这样一来，一天就可省下2~4小时。休闲与旅游发展，还与人们对其重要性的认识水平有关。随着社会经济的发展，越来越多的人认识到，花钱花时间去休闲、旅游是有很大价值的，这样就更推进了把休闲度假作为一种生活方式的实现。由于中国人口众多，我们的休闲、旅游活动规模将是人类历史上最为壮观的景象。

虽然由于中国经济发展在区域上并不平衡，有的地区已经进入后工业社会，也有不少地区还在前工业社会，但中国正在由工业化社会向后工业化社会迈进、由工业社会向休闲时代发展的总体趋势却昭然若揭。休闲时代有什么特征？举一个简单的例子：媒体经常报道美国总统在戴维营度假，但我们很少听说中国的国家领导人在哪里度假，因为我们正在快速发展当中，度假制度还没有完全建立，国家机器的运行必须依靠政治家夜以继日地工作。而在休闲时代，新闻媒体无需在赞美一个领导人的时候说他星期天还在工作。如果谁要是在节假日工作，可能会受到举报：节假日上班就是占用了别人的就业机会。在休闲社会里，就业机会是一种稀缺资源，实际上这两年我们已经深切感受到大学毕业生就业难的问题了。面对休闲社会的种种现象，人们只能通过立法手段延长假期、带薪度假、减少就业压力。比如欧洲一些法律规定：普通商店的营业时间是受到严格限制的，否则就会涉嫌不正当竞争。所以休闲时代不仅是说社会要保障每一个人或者多数人有休闲度假的权利，而且从法律上有一个劳动就业机会配置的概念，以实现对社会运行的调控。实际上，通过旅游休假还可调节社会成员的身心健康。社会成员在出现身心健康问题之前，就设立必要的休闲度假制度，及时调整身心健康，使其更好地维护良好的生理和心理健康，将有利于促进和谐社会的建立。

（三）"泛旅游"：谁是游客说不清

越来越多的人投身于游客的洪流，但谁是游客却是一个至今没有达成共识的概念。柯恩（Cohen，2004）说，"旅游是个模糊概念：旅游者与非旅游者两个世界之间并无确定的边界，它们之间也许还存在别的中间类型"。正是了解到这一现象，他提出了旅游概念树，来描述从很宽泛的旅游概念到很狭窄的旅游概念之间各种不同的理解。为了更好地理解旅游活动边缘地带上的各种人类行为，我们提出了"泛旅游"的概念。"泛旅游"是将人类在闲暇时间或工作时间内所表现出的户外游憩、愉悦旅游和商务旅行（商务旅游）等各种短暂性空间移动行为界定于同一个领域内。虽然在通常情况下，人们只关注异地性的游憩活动，但这里，"泛旅游"却并不排除本地游憩和非游憩的商务活动，也就是说，"泛旅游"未将"异地性"和"愉悦性"作为必要条件。

要了解"泛旅游"的概念，首先有必要厘清旅行（travel）、旅游（tourism）、休闲（leisure）、游憩（recreation）等基本概念的含义。旅行和旅游这一对术语存在一定程度的混用现象，人们对这两个术语并没有一致的理解。粗略地说，旅行活动的范围比旅游活动更宽一些，旅游活动必然是旅行活动，但是旅行活动不一定是旅游活动。如果不考虑移民、战争等特殊性质的人员流动，旅行活动和广义的旅游活动基本一致。如果指的是狭义层次的旅游的话，则旅行活动的范围显然比旅游活动要宽泛得多。旅行和旅游的另一个细微差别是，一些研究者认为，旅行更多地强调人们在空间上的移动过程，而旅游不仅包括这种空间的移动过程，也包括在异地的短暂滞留过程。当然，旅行或旅游活动都不仅指人们在空间上的移动或滞留本身，也包括人们在移动和逗留过程中伴随的其他活动。

休闲首先是指时间上的闲暇状态。闲暇时间是指人们在工作、睡眠及满足其他基本生存需求之外的相对自由支配的时间。在闲暇时间内人类所从事的活动具有较大弹性，一般称为休闲活动。休闲活动通常又可分为在惯常环境之内的游憩活动和离开惯常环境到异地的旅游活动。如何理解休闲活动和旅游活动之间的关系？广义的旅游活动既包括人们在闲暇时间内的旅行（愉悦旅游），也包括人们在工作时间内的旅行（商务旅游），因此，休闲活动和广义的旅游活动有一定的重叠。而狭义的旅游活动主要发生在闲暇时间内，属于休闲活动的一个组成部分（吴必虎、宋子千，2009）。当然，休闲活动中除了狭义旅游外，还包括游憩活动。实际上，休闲活动与旅游活动之间，很难截然给出相互之间的界线，而是一个连续行为带谱（Carr，2002）；也有研究者认为，闲暇时间内所从事的活动称为游憩活动，涉及本地、近距离和中远距离所有休闲活动，构成游憩活动谱（Boniface & Cooper，1987）。近年来，随着经济全球化进一步发展，人们逐步认识到，仅仅把视野局限在愉悦旅游是不够的，同时还应关注商务旅行（商务旅游）问题。人们在工作时间内所从事的出行活动称为商务旅行，外出事务中的大多数情况视为商务旅行（商务旅游）活动。

户外游憩（outdoor recreation）与休闲时间、旅游活动紧密相关，但是中国学术界对户外游憩却很少问津。美国在20世纪60年代就已经有了系统的游憩科学的理论体系，涉及国民时间预算、闲暇时间分配、户外游憩利用、游憩质量保障、游憩区域、游憩教育、陆地与水上资源的游憩利用、公共户外游憩设施的定价与支付等公共政策问题（Clawson and Knetsch，1966）。不过西方学者对游憩这一概念也未达成一致意见。结合中国的实际，我们可以用广义和狭义两种概念来对户外游憩进行描述，不妨分别叫做"大游憩"和"小游憩"。本地游憩与异地游憩二者结合在一起，称为"大游憩"，它们相当于整个休闲活动；与之对应的是，在城市规划学科，一般将当地居民在城市内的休闲活动称为游憩活动，城市规划为居民游憩提供的服务功能称为游憩功能，活动场所称为游憩空间，这在1933年提出的《雅典宪章》中就已确定，游憩是城市四大功能之一（国际现代建筑协会，中译本，2007）。为了与上述包括外地观光旅游等活动在内的大游憩相区别，我们可以将局限于当地户外休闲的活动称为"小游憩"。显然，根据对旅游活动的狭义理解（愉悦旅游），旅游活动与户外游憩在一日游（same-day visits）这部分有一定的交叉：一日游既可以看成是当地居民的户外游憩活动，也可以被统计进入愉悦旅游者的范畴之内。

通过上面的阐述，不难发现要说清"谁是旅游者"这个问

表1 泛旅游：休闲、游憩和旅游的关系

活动时间	闲暇时间				工作时间
活动类型	休闲活动（大游憩：游憩活动谱）				外出事务活动
	游憩活动			旅游活动（广义旅游）	
	户内游憩	户外游憩（小游憩）		中远程	商务旅游
		公共空间	愉悦旅游（狭义旅游）		
	基于家庭的游憩：阅读、园艺、网络、电视、社交等	日常游憩：听歌剧、上饭馆、参与运动、观看比赛、社交等	一日游：走访景点、野炊、自驾郊游等	观光旅游、休闲度假旅游、购物旅游等	商务旅行与旅游、会议与展览、教育旅游等
			泛旅游活动		
地理范围	家庭	当地	附近	全国或国际	当地外各范围

资料来源：吴必虎、宋子千，2009

题，确实不容易。人类的户外游憩、愉悦旅游和商务旅游之间，虽然可以根据一些技术指标（如出游动机、出行距离、滞留时间等）进行人为区分，但是在设施、服务等方面，愉悦旅游和当地户外游憩往往难以分开，在满足人们的休闲需要方面，它们没有实质性的差别；在产业发展、服务供给等方面，愉悦旅游和商务旅游之间也很难划出截然的鸿沟。因此，世界旅游组织将愉悦旅游与商务旅游统一纳入统计范畴之中，有些研究者还建议将户外游憩活动纳入旅游研究范畴，美国德克萨斯州A&M大学将游憩与旅游组成一个学科并成功发展就是最明显的案例。户外游憩、愉悦旅游、商务旅游三者合并在一起的研究领域，构成了最普适、最基本的旅游活动领域，即"泛旅游"活动（pantourism activity）。在这个"泛旅游"世界中，旅游业已成为无边界产业，对社会、政治、经济、文化、生态等方面的影响将更大、更深、更远。伴随着"泛旅游"时代的到来，一场新的旅游革命悄然降临。

广义游客——每个人都可以成为"泛旅游"中的游客。

无限活动——"泛旅游"将进一步淡化"旅游"和"游憩"在定义上的区别。很多行为，虽然是日常休闲活动，但也可以是一种特别的旅游（比如北京人周末去什刹海和老城中游逛，并体验性地住在四合院的宾馆中而不回家）；到远方的旅游，也因为更具休闲性而成为一种特别的、类似日常游憩活动的行为（比如从北京到上海只是为了看一场戏以及和朋友喝一杯咖啡）。这种情形我们不妨称之为客源地目的地化，以及目的地客源地化。

全景空间——只要有特别体验的地方都是"泛旅游"涉及的空间，不再强调特定的景区景点。城市、乡村、海面、原野……都有可能成为吸引人们前往或滞留的地方。

综合产业——旅游不再是单一的观光产业，会展、运动、康体、娱乐等都与旅游产业存在交叉覆盖，旅游产业链连接到餐饮、运输、酒店、商业、农业等，形成新复合产业态势：农业+旅游业+X，工业+旅游业+X，教育+旅游业+X……无限产业链构成了综合产业。

（四）星移斗换：西方不亮东方亮

长期以来，法国和美国一直占据着国际旅游目的地国的第一、第二把交椅。巴黎、纽约乘势形成最热门的旅游城市，并且在过去的60年间（二战以来）一直引领着世界旅游的潮流。但正如俗话所说，三十年河东三十年河西，从21世纪伊始，全球旅游地图正在发生"向东看、朝东走"的剧烈变化：亚太地区新兴经济体的增长，中国最大目的地国家的形成，标志着亚太崛起和中国时代的来临。

1.新兴旅游市场崛起

亚太崛起和中国时代分别表现在目的地和客源地两方面。从目的地方面来看，新兴亚洲经济强国和地区包括韩国、中国台湾和香港、新加坡和马来西亚，越南和湄公河流域国家，中东，以及人口众多的国家如印度、中国、印度尼西亚、巴西、阿根廷和墨西哥（Dwyer, et al., 2008）。随着这一批新兴市场的崛起，国际旅游发展将逐渐呈现多元化，尤其亚太地区的飞速发展，完全打破了传统欧洲和美洲作为全球旅游业重心的格局。世界旅游组织预测，到2020年国际旅游接待人数位居前三位的旅游目的地区域将是欧洲（717万）、东亚和太平洋地区（397万）以及美洲（282万），接着是非洲、中东和南亚。与世界入境接待人数4.1%的平均年增长水平相比，东

上海世博会世博文化中心

东亚和太平洋地区、南亚、中东和非洲预计将有5%以上的年均增长率（1995~2020）。学术界对旅游目的地的实证研究也由传统的美国、英国、法国转向澳大利亚、西班牙、中国香港、韩国和中国内地这些新兴热门旅游目的地（Song & Li, 2008）。同时，航空业也看好亚太、中东、印度等新兴市场的增长（Boeing, 2009）。

考虑到世界人口数量巨大，但目前参与国际旅游的部分还非常有限，出境旅游市场将有很大的增长潜力。尤其许多新兴经济体的增长潜力巨大，居民可支配收入随之增加，而这一增幅中相当大的一部分将被用于旅游，国际客源市场也将从传统的西欧、美国、加拿大、日本等转向新兴市场（中欧和东欧、中国、韩国、新加坡、中东、墨西哥等）。到2020年，旅游业的主要客源市场将包括德国、日本、美国、英国和法国，另外入围的还有中国和俄罗斯（Dwyer et al, 2008）。在今后20年间，民用客机的最大需求来自亚太地区和新兴市场（包括中国和印度），占全球民用飞机总需求量的31%（Airbus, 2009），而全球差旅市场也将由中国和印度等新兴市场带动（American Express, 2009）。

另外，相对较成熟的欧洲和美洲旅游发展的增长预计将低于世界平均增长率（UNWTO, 2006），尤其欧洲，虽然仍将保持世界入境接待人数的最大份额，但增长率已经从1995年的60%降到了2020年的46%。实际上，欧洲各国幅员不大，很多国家面积及人口都小于中国的一个省，洲内国家之间的入境人数占有主要份额，远程市场并不突出。到2030年，入境旅游的主要的赢家将是土耳其、美国、澳门、澳大利亚、马来西亚和中国，而欧洲将成为最大的输家，在2005年至2030年将失去13%的市场份额（Yeoman, 2008）。

2. 亚太地区引领世界旅游发展

在新兴旅游市场中，尤其以亚太地区的飞速发展引人注目，完全打破了传统欧洲和美洲作为全球旅游业重心的格局。世界旅游组织表示，亚太地区带动了全球旅游业的发展（联合国网站新闻中心，2007）。亚太各国政府对于旅游业的重视、低成本航空公司的发展以及欧洲和中东直飞亚洲航线的增加都为亚太地区旅游业的增长创造了条件。亚太旅游协会（PATA）表示亚太地区作为国际旅游目的地和客源市场具有巨大的潜力（The Sunday Times Online, 2008）。

Visa和亚太旅游协会（PATA, 2009a）对亚太地区旅行意向的调查表明，在2009年之后的两年内，亚太地区预计仍将保持其具有吸引力旅游目的地的地位，有60%的被调查者表示他们将来亚太地区旅游。世界旅游组织（UNWTO, 2006）预测，东亚和太平洋地区国际旅游接待人数的年均增长率为6.5%（1995~2020），而该地区的旅游接待市场份额也将从1995年的14.4%增长到2020年的25.4%；世界旅游组织还预测，东亚和太平洋地区的出境旅游者人数预计在2020年将达4.05亿，1995~2020年间的年平均增长率为6.5%（世界平均增长率为4.1%）；到2020年东亚和太平洋地区的居民将占全球国际游客的1/4，尤其东北亚和东南亚客源市场将表现出最高的出境旅游增长率。波音公司（Boeing, 2009）预测，目前亚洲地区在世界航空客运市场中所占的比例为32%，到2028年预计将上升到41%，亚洲市场的增长有望为全球航空市场复兴提供持续动力，而且在亚太地区快速发展的带动下，全球航空旅行的需求将在接下来的15年间翻一番（AAPA, 2009），亚太地区在20年内也将成为世界最大的航空市场（Boeing, 2009），而且其游轮市场也发展迅猛（Papathanassis, 2009）。所有这些都说明一个道理：亚太地区将要引领世界旅游发展。

（五）云市场·泛产品时代

伴随着全球地缘和产业格局的变化，旅游市场需求和产品供给形式也在发生着剧烈的演变。个性化、多样性、非典型的供需关系的波起云涌的变化，常常使现有的理论和模式相形见绌，无从刻画或描述旅游市场与旅游产品的动态特征，我们不得不引用其他领域的概念来解释这些现象。在网络行业，谷歌（Google）首先提出了云计算（cloud computing）概念，云计算是分布式处理、并行处理和网格计算的发展，是透过网络将庞大的计算处理程序自动分拆成无数个较小的子程序，再交由多部服务器所组成的庞大系统经计算分析之后将处理结果回传给用户。通过云计算技术，网络服务提供者可以在数秒之内，处理数以千万计甚至亿亿计的信息，达到和超级计算机同样强大的网络服务。借用网络技术中的"云"的概念，用"云"来表示某项事物的复杂、庞大、多变、个性化、不稳定却存在某种统计规律的特征，来描述当今和未来旅游市场的庞大、多变、个性、难以预测的性质，也许是十分恰当的。多样性、个性化旅游需求，使得市场预测和消费者特征的把握变得更加困难。就像网络服务中云储存的信息，经过复杂计算后提供给每一位网络产品使用者各自不同的信息产品一样，旅游开发、规划与管理向市场提供了云态产品：多样而多变的选择项，使得每一位旅游消费者最终得到个性化的产品与服务。正如世界潮流趋势一样，中国旅游也深受云时代的大势所影响，并在市场需求方面呈现出市场转型、产品更新和功能组合等一些发展特征。

1. 旅游市场转型升级

从观光需求向休闲度假需求的转变，这个趋势在长三角、

澳门威尼斯人娱乐城

陕西神木红碱淖

马尔代夫是养生度假的天堂

海南东方大田镇坡鹿保护区

海南三亚树上旅馆

珠三角、环渤海这些富庶的区域显得十分明显。虽然市场需求发生转变，但观光需求仍然不可忽视，视觉需求永远是游客最基础的旅游需求，核心吸引物（观光产品）往往成为一个区域旅游发展的撬动点，因为有了核心吸引物的存在，才会吸引更多的游客来休闲度假。

2.散客自助游市场日益扩大

3G时代的互联网改变了人们的生活，使人们得以未出门而知天下事，游客更是可以从互联网和移动网上了解到众多旅游信息；此外，高速公路网的快速发展和私家车拥有率的提高使得游客出游变得空前便捷，这些都使得不堪忍受旅行社的团队市场转而选择散客自助游的方式，自驾游、自助游市场群体日益扩大。

3.商务旅游市场持续增加

商务旅游由于市场群体大、消费水平高、受季节影响较小等特点而获得越来越多的旅游企业关注，事实上，现在休闲度假市场近乎80%的利润是由商务会议市场产生的，中国80%的度假村都依赖商务旅游获得生存。未来随着全球化进程的加快，商务旅游市场将越来越大。

4.康体养生旅游获得越来越大的市场认可

城市人口因为环境和生活压力等因素，80%以上的人处于"亚健康"状态，他们希望通过旅游休闲度假，寻找一个能让自己身心放松下来的地方，调整和平衡自己在城市里的紧张状态。这一趋势从目前体检中心的火爆状态中可以得到验证，人们对自己身心健康的重视将在未来几年内表现得越来越明显。

5.高品质旅游受到关注

由于生活水平的日益提高，游客对旅游品质的要求越来越苛刻，他们恨不能前一步享受到文化原生态、自然全生态的东西，退后一步则可享受到五星级的服务。这一市场趋势随着中国富裕阶层的日益扩大表现得越来越明显，中国已成为亚洲最大的出境旅游国，中国出境旅游群体的增加，也充分说明了中国旅游者消费期望值已经提升。

6.深生态旅游将成为下一个旅游热点

深生态旅游是一种深度体验自然环境，而且不对自然生态环境产生负面影响的旅游方式。由于自然生态环境的破坏，人类的生存环境遭到了严峻的挑战。2009年底哥本哈根气候大会使人们意识到生态环境保护的重要性，未来人们将以更加文明、更加生态的方式对待大自然；由于深生态旅游和低碳旅游不仅是对生态环境的一种保护，也能使游客在大自然中放松身心，因此它将成为下一个旅游热点。

江西婺源汪口古村

7. 文化旅游将持续繁荣

文化作为一种精神食粮，将受到越来越多的消费者的青睐。文化旅游是游客体验地方差异性、丰富自身内涵的重要产品类型，在未来仍将持续繁荣。宗教旅游作为文化旅游方式之一，在日益发达的经济社会中，市场需求将日益增加，尤其是获得越来越多的高端市场的认可。

8. 消费者追求复合体验

各种类型的旅游产品，如观光、商务、度假……在旅游"云时代"不再强调其区别而更趋于融合，成为"观光+X"、"度假+X"等复合模式，若干种复合模式的涌现，造就了"泛产品"，使旅游发展涂上了一层云市场·泛产品的新的时代色彩。

二、中国

（一）世界中国：地球村时代的旅游地图

首期《旅游规划与设计》的主旨话题是"旅游·中国·未来"，其中一个关键词是"中国"。这个关键词希望读者不要误会，以为我们只讲中国，似乎可以不谈世界。恰恰相反，现在谈中国的事情不谈世界是根本谈不清楚的，无论是20国集团的财政金融会议，还是哥本哈根的全球气候变化会议，都将中国与世界紧密牵扯在一起，不管中国人愿意不愿意。20国集团的成员包括初期的八国集团成员美国、日本、德国、法国、英国、意大利、加拿大、俄罗斯，作为一个实体的欧盟，澳大利亚，南非以及具有广泛代表性的发展中国家中国、阿根廷、巴西、印度、印度尼西亚、墨西哥、沙特阿拉伯及发达国家韩国和土耳其。这些国家的国民生产总值约占全世界的85%，人口则将近世界总人口的三分之二。中国作为一个新兴的经济体，她和美、日、欧等发达经济体未来发展前景的异同，和印度、东盟等新兴经济体的比较，和非洲这种百废待兴的经济体将如何相互影响等方面，都与未来中国旅游业的发展密切相关。只有从世界地图角度来透视，可能才谈得清楚中国旅游的未来。正如2010年年初北京市提出建设世界城市那样，我们谈未来的中国旅游发展，也许从"世界中国"这个角度谈得更清楚。

1978年改革开放以来，中国每年吸引的国际游客、外汇收入逐年稳步增长，目前已成为国际旅游市场热门的目的地。世界旅游组织预测，到2020年中国（大陆）将接待1.37亿入境旅游者，占世界国际旅游市场的8.6%，居世界第一位。此外，中国的香港作为一个单独的目的地，入境旅游者达0.57亿，也将成为全球第五大旅游目的地（UNWTO, 2006）。

中国不仅是接待大国，还是客源大国。在过去的几年里，中国的出境旅游市场一直是增长最快的国际市场之一（Li, et al., 2010; UNWTO, 2008）。在中国，休闲活动将成为全民旅游现象，现在已经在国家政策层面得到体现，明确提出将逐步实施全民休闲计划的任务。目前中国出境旅游人数只占中国城镇人口的4%，中国的出境旅游市场仍具有巨大的增长潜力（Credit Lyonnais Securities Asia, 2005），尤其随着居民收入的提高、闲暇时间的增加以及出国旅游政策限制的放松，越来越多的中国人将选择出国旅游。据调查，中国月收入8000元以上者中有51%表示一年内有出国旅游的意愿（Sparks & Pan, 2009），而且大约2200万城镇居民中有150万人已经去过或计划去亚洲以外的目的地旅游（Li, et al., 2010）。世界旅游组织预计中国出境旅游人数的年平均增长率为12.3%（1995~2020），预计2020年中国的出境旅游人数将达1亿，成为世界第四大旅游客源国（UNWTO, 2006），而考虑到中国目前的发展势头，这个目标将有可能提前达到（UNWTO, 2008）。目前中国出境旅游的增长已经引起各世界组织、各国政府、企业以及学术界的密切关注（Cai et al., 2007），中国对世界旅游地图的影响将逐步提高。

在入境和出境市场双向积极作用下，中国旅游业将进入发展快车道。世界旅游与旅行理事会（WTTC）预计，2009~2019年间，中国旅游经济的增长速度居世界首位，旅游业的国内生产总值净增长将从2009年的0.6%，增加到2019年的9.2%（WTTC, 2009b）。中国旅游的快速发展，同时带动了就业以及交通、娱乐等各部门的发展，在今后20年内中国航空客运量将以每年8.1%的速度增长（Boeing, 2009），一跃成为一个航空大国。

而中国旅游的快速发展也将带动世界旅游的发展。世界旅游组织表示，亚太地区带动了全球旅游业的发展，而中国则是亚太地区旅游业强劲增长的主要动力（联合国网站新闻中心，2007）。WTTC表示，中国等新经济体将成为推动国际旅游发展的动力，仅中国就将单独为其他目的地提供1亿游客（WTTC, 2009b）。尤其在2009年世界经济衰退的时候，中国旅游业仍然保持着平稳发展态势，是中国带动了世界差旅业的发展（American Express, 2009）及全球航空业的复苏（Boeing, 2009）。世界旅游与旅行理事会指出，中国旅游业正在成为引领世界旅游业复苏、增长的重要力量（WTTC, 2009b）。WTTC的常务董事Adrian Cooper强调，中国将在世界旅游经济中起到重要促进作用，并居于领导地位；同时，作为亚洲大国，中国的旅游业也将会带动亚洲其他国家的旅游事业，进而带动全世界的旅游业复苏和发展（联合早报网，2009）。

中国旅游发展在后金融危机时代也为世界许多国家和地区提供了榜样和支持。如何通过旅游发展来拉动一个国家或地区的经济发展，中国经验可能是全世界最有推广价值的案例。在西方，并没有什么区域旅游发展规划，在他们的规划体例里似乎没有这一说，即便他们在具体的公园户外游憩、旅游度假区、主题娱乐产品等规划设计领域要领先于中国。近年来，不断有诸如越南、缅甸、柬埔寨、印度、津巴布韦、毛里求斯等经济与旅游都欠发达的国家向中国旅游规划单位发出合作邀请，这并非偶然现象，也许中国是应该向国外输出区域旅游发展规划方面的经验与教训了，也就是说，国内旅游规划业真有可能在不久的将来把业务做到全球去。

（二）41号文件：来自中央政府的动员令

2009年11月25日，中国国务院常务会议通过《关于加快发展旅游业的意见》（以下简称《意见》），并以41号文件形

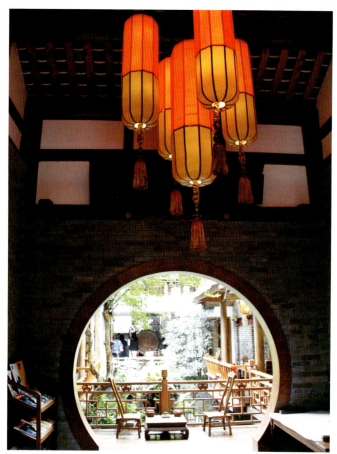
成都宽窄巷子之一

成都宽窄巷子之二

黄山美食

成都顺兴老茶馆

江苏泗洪龙虾

式下发全国（国务院办公厅，2009）。这个文件首次提出把旅游业培育成国民经济的战略性支柱产业和人民群众满意的现代服务业；并确立发展目标，到2015年，入境过夜游客人数达9 000万人次，年均增长8%；出境旅游人数达8 300万人次，年均增长9%。《意见》一提出，就引起了国际社会的广泛关注，世界旅游组织（UNWTO）秘书长Taleb Rifai表示，相信《意见》将对中国旅游业和世界旅游业的发展产生深远影响，特别是中国政府对出境旅游发展的促进，将对世界旅游业产生巨大的推动作用。其他各个国家也都对此表示欢迎，希望进一步加强业界合作，实现共赢（中国网，2009）。

鉴于中国特殊的政治文化传统和政治经济学动力机制，并注意到旅游行业管理部门在立法、资源、权力等方面的弱势地位，国务院41号文件对中国旅游业整体发展政策支持、资源配置、投资力度、社会认知和公众参与，都产生了前所未有的影响。称其为中央政府全面启动中国旅游发展的动员令，并非妄言。地方政府在这个文件精神指导下，都会根据各地实际情况，分别设计针对性更强的发展政策和行动计划。来自不同领域的资金，也会在政策风险减少、市场需求抬升的双向刺激下，转向旅游开发投资。可以预见，在今后5~10年内，中国旅游业发展的规模、质量和影响力，都将出现一个明显的升级换代。

从政府政策角度看，41号文件首先从法律保障和制度建设上，第一次为旅游业的健康发展提供了系统支持。《旅游法》正式列入工作程序，为旅游发展这个涉及非常庞杂的利益主体的关系结构的构建和运行，设计出法律框架和协调渠道。考虑到旅游发展与城市总体规划、土地利用规划、海洋功能区划、基础设施规划、村镇规划等事业紧密关联却又缺少法定沟通协调渠道，41号文件明确要求，在编制这些总体规划或分项规划时，必须充分考虑旅游业发展需要。它从国务院层面向全国宣告，旅游业是"综合性产业"观念和"多行业融合发展"要求，要将文化、体育、农业、工业、林业、商业、水利、地质、海洋、环保、气象等产业和服务行业与旅游发展综合于一体，鼓励旅游资源的一体化管理。从国家战略来看，近年来国家层面的区域发展战略规划，几乎都与旅游发展息息相关。中国的经济开发基本是按"三沿"即沿海、沿江、沿边模式推进，这同样是旅游发展推进轨迹。国家业已颁布的珠三角、长三角、环渤海、西部开发、中部崛起、东北老工业基地、成渝经济带、关中经济带、辽宁沿海经济带、江苏沿海经济带、海西经济带、皖江经济带等国家级战略规划等，都与未来中国旅游发展有着千丝万缕的联系，中国未来区域旅游发展的态势，同样面临格局上的调整和拟合。

将更多的资源配置于旅游发展，更多的资金转向旅游投资，是41号文件起到的另一个积极作用。在影响或制约旅游业发展的各类因素中，土地供给不足、资金投入不足和人力资源质量不符合发展要求是最为突出的问题。为了解决这些困难，41号文件明确提出要适当增加旅游业发展用地；可以利用荒地、荒坡、荒滩、垃圾场、废弃矿山、边远海岛和可以开发利用的石漠化土地等进行旅游项目开发；支持企事业单位利用存量房产、土地资源兴办旅游业。针对地方政府资金不足问题，提出景区经营权和门票收入可以质押贷款，鼓励各种所有制企业依法投资旅游产业。各级政府要加大对旅游基础设施建设的投入，加强旅游学科建设，提高旅游教育水平。

旅游发展的社会认知和公众参与水平，也将随着41号文件的颁布和实施得到明显提高。其中"中国旅游日"的设立，公民带薪休假制度的逐步建立，国民旅游休闲纲要的编制，都会大大提高普通公众对旅游现象的认知；在消费领域，鼓励和引导居民参与旅游消费，在一定时期内，使旅游消费水平占到居民消费总量的10%左右，这一鼓励政策，不仅有利于刺激公众的广泛参与，而且有利于增强投资商对投资旅游业的信心。

（三）Tourism Made in China：创造不一样的旅游风景

在中国旅游由长期以来占主导地位的观光益智旅游向休闲度假、商务会展旅游提升转化过程中，旅游发展的模式也在发生着悄然变化：全球化和西方化的现象逐步抬头。这是因为，在观光旅游时代，旅游产品主要由本国的历史文化和自然景观所决定，哪里有资源，哪里就有产品，哪里就会产生旅游业。观光时代的旅游地方性十分明显，不太容易受别国文化和发展模式的左右。

但是随着跨国公司、全球品牌和大众旅游向旅游行业的渗透，特别是在商务旅游、度假旅游领域，标准化、迪斯尼化、欧美化、麦当劳快餐化旅游产品逐步浸入了各地旅游发展的体系，造成了旅游产品的同质化、西方化和漏损化。千景一面、照搬西方、效益外流等弊端逐步呈现。迪斯尼乐园在香港扎根之后，又在上海另占地盘。通过娱乐产业的方式，以迪斯尼为代表的美国文化在不知不觉之间实现了对中国文化的殖民化。在三亚，随着三亚湾、亚龙湾中高端海滨度假酒店的规划设计和建设运营，我们很容易发现它们的西化特点和模仿痕迹。这些度假酒店模式都是西方文化旅游殖民地化的直接反映，在泰国普吉岛、印度尼西亚巴厘岛、马尔代夫、夏威夷、地中海等地的海滨度假区中，都不难发现似曾相识的殖民化特征。在各地的度假酒店提供的水疗服务（spa）产品中，同样我们也很难看到由中国人自创的康乐疗养配方或服务形式。引起世界广泛关注的北京奥运会、上海世博会等大型节事产品，同样存在着由西方人主导、中国人买单的司空见惯的现象。同样是亚洲国家，韩国在挖掘本国传统文化、创新流行文化方面，成功推出了《大长今》、《我的野蛮女友》等影视剧，其拍摄地随之成为吸引日本和中国游客的热门吸引物。现在，中国在经济中已经成为大国，但是在旅游产品创新方面，我们拿什么献给广大的游客？

旅游中国造（Tourism Made in China）的时代呼之欲出。尽管已经出现一些诘难之声，以张艺谋、王潮歌、樊跃"铁三角"印象艺术团队创作的5个大型山水实景演出项目（桂林的《印象刘三姐》、云南的《印象丽江》、杭州的《印象西湖》、海口的《印象海南》、武夷山的《印象大红袍》）为代

广西桂林《印象刘三姐》

陕西扶风法门寺

四川九寨沟《藏迷》演出

表的实景演出已经成为国人普遍接受的旅游产品，特别是首创的《印象刘三姐》更是一鸣惊人。此外，无锡灵山大佛、西安大唐芙蓉园、杭州宋城千古情、成都国色天乡，也都属于成功的旅游导向型土地综合开发案例。

但是与中国旅游业整体多层面、大规模、高速度发展状况相比，仅有这些创新显然是远远不够的。中国丰富的传统文化元素如何提炼、转化为旅游吸引物，现代高科技发明和新材料如何转变为娱乐游憩设施与技术，至少在这两个方面，我们能够开展更多的创新性研究。这方面美国人的做法尤其值得中国人借鉴和发人深省。迪斯尼公司已经将中国传统民间文化花木兰、中国特有的濒危物种保护对象大熊猫，成功地开发为《花木兰》和《功夫熊猫》两部娱乐电影，产生了巨大的票房价值，同时进一步提升了迪斯尼娱乐旅游产品的品牌含金量。实际上，中国传统文化要素中，具有开发潜力、提升可能、转化空间的内容十分丰厚深邃，古典著作中的故事或人物如《山海经》、《封神榜》、《西游记》、《三国演义》和《聊斋志异》，乃至于《天工开物》、《梦溪笔谈》和《齐民要术》，无不蕴含着丰富的主题娱乐产品开发的线索。举一实例可以加深这方面的理解：与其采用国外流行的spa服务，为何不能利用中国灿烂悠久的中草药资源、中医经络学说、太极养生之道，创造出中国特色的度假养生产品并推广到世界各地？

除了从古代文明宝藏中挖掘营养外，另一个更为重要的方向是如何提高认识、加大投入、鼓励创新以增强旅游产品开发的现代科技含量和市场竞争力。目前中国已经成立了中国游艺机游乐园协会，各地创建的游乐园、主题园也在努力进行新产品开发和服务提升，从北京的石景山游乐园、上海锦江乐园、深圳欢乐谷、苏州乐园，到广州长隆香江野生动物世界和桂林乐满地，比较常见的游乐设备和游乐项目都是来自进口，自主创新成分明显不足。应该从国家软实力竞争角度来看待这个问题，重视高科技、军工产品向娱乐旅游产品的转化。摩天轮、过山车、海盗船、太空梭、四维影院等等，无一不是现代科技结晶与游乐需求紧密结合的产物。中国的现代科技，特别是航天技术，目前已经达到相当高的水平，但是如何将"神五"、"神六"的航天技术转化为旅游、游乐项目，我们甚至连起步的水平都未达到。

从国家竞争力高度重视旅游产品的自主创新研发，将中国传统文化要素与现代科学技术结合，针对东方人的心理、文化和社会特点，开发具有中国风格的旅游产品，比如在香港、上海引入美国迪斯尼和文化殖民之后，北京需要考虑创建中国自主知识产权的东方主题公园，也许就是检验中国人在 Tourism Made in China 方面的特殊机会和严峻考验。

三、未来

（一）改变我们生活的六大趋势

人类未来究竟怎样生活，将会对未来的旅游产生决定性影响。因为旅游概念再大也大不过生活，想清楚了人类未来将怎样生活，可能也就想清楚了未来的旅游。根据多数预测，旅游业的未来将是充满变化的，尤其旅游业与其他部门密切相关，旅游的发展趋势会受到世界未来各方面变化的影响。许多组织机构（European Travel Commission et al, 2006; United Nations, 2008; UNWTO, 2006）、未来学家（Hammond, 1998; Held et al, 1999; Glenn et al, 2009），以及其他一些学者（Nordin, 2005; Buhalis & Costa, 2006; Cetron, et al.,中译本，2008; Dwyer, et al., 2008）都对世界的未来发展作了各个方面的相关预测。其中提出的全球发展趋势，涵盖了经济、社会、人口、个人价值观及生活方式、政治、环境、技术等各个方面，而其中有许多与旅游业的发展密切相关，影响未来旅游者的偏好，旅游产品、旅游市场的开发，旅游企业的管理等。

1.政治变化

政治稳定是旅游业发展的重要前提，国家地区之间的冲突将影响旅游流以及旅游者对目的地安全的感知，国家边境的不稳定，加上恐怖主义这一延续的话题，以及出现的网络恐怖主义，传染性疾病，宗教问题等，这些真实的或者感知到的危险，都会严重影响旅游者的决策行为，那些不太安全的目的地将会被排除。另外，航空运输自由化和开放天空政策对各个国家、地区之间贸易和旅游业的发展有重要的影响，进一步的运输自由和撤销管制制度，使得旅游越来越方便，尤其像欧共体、北美自由贸易区这样的政治组合将进一步推动区域内的旅游发展。

2.经济趋势

经济的发展是旅游业发展的基础。国际货币基金组织（2010）和世界银行（2010）都对世界经济增长作出了预测，各国的经济增长、收入提高、闲暇时间增多等变化都会增加人们的旅游机会，推动旅游业的发展，提升人民的生活质量。中国、印度等新兴经济体将掀起出境旅游大潮。随着全球经济通胀状况有所缓解，欧洲货币联盟等体系固定汇率制度的变化，对经济发展产生较大影响，进而促进旅游经济的发展。尤其随着国际贸易、跨国投资增加，将需要更多的全球劳动力，也将增加人们商务旅行的机会，推动差旅业的发展。另一方面，对国际经济规则的争议、金融危机等导致的经济衰退等仍在抑制旅游业的发展，旅游部门需要更加重视危机管理。

3. 社会人口趋势

到2045年世界人口可能达到90亿（联合国, 2009），他们都是未来的潜在旅游者。其中人口寿命延长，全世界老年人人数将猛增，在全球范围内，60岁及以上的人口预计将增加两倍左右，从2009年的7.43亿增加至2045年的20亿（联合国经济及社会理事会, 2009），这使得未来老年旅游市场将受到很大的关注，且对医疗的需求增加也使得未来医疗旅游前景看好。家庭结构在发达国家将越来越小，尤其单亲家庭和单身者越来越普遍，同时随着网络的发展，人们工作方式将有所变化，越来越多的人在家办公，工作和休闲之间的区别越来越模糊，针对单个人的灵活的旅游计划将受到青睐。女性在消费中的决策权将提高，因此旅游企业也将越来越重视女性市场及其旅游决策。在发展中国家，大量农村人口涌入城市，这也潜在地推动了人们对旅游的需求，越来越多的人将会追求自然观光度假旅游。

4. 价值观及生活方式

人们越来越注重自我提升，寻求有意义、有价值的旅游体验，而且个人越来越追求个性化，要求产品、服务满足自己的需求。因此，将来的旅游市场将更加细分，旅游者越来越偏好探索、体验、参与、学习型的目的地，以及针对个人定制的旅游计划。他们追求"真实"的旅游体验。同时，随着信息技术的发展，人们接触到的产品、服务的信息也越来越多，消费者更注重购买的产品和服务的性价比。个人，尤其是在发达国家，社会和环境意识越来越强，Trip Advisor证明美国旅游者已经越来越绿色，他们更愿意去国家公园旅游，去参加登山等户外运动（环球旅讯, 2009）。

5. 环境趋势

气候变化（全球变暖、海平面上升等）、自然资源减少（能源减少、缺水、新低碳经济等）以及物种减少等环境问题都与旅游业密切相关。UNWTO在2009年应对全球经济危机的恢复路线图中，提出将旅游业作为新的绿色经济中的一个行业，实现其"精明增长"（smart growth）、基础设施的智能化和清洁能源的使用，并呼吁各国领导人将旅游业放置在长期绿色经济转型的核心（UNWTO, 2009b）。在气候变化这一关键问题上，WTTC（2009a）、PATA（2009b）等旅游组织都表示，旅游业界必须充分认识自身的环保与社会责任，承诺实践可持续发展之路，并支持任何一项争取减少碳排放的有效实践。

四川黄龙世界自然遗产

九寨沟树正瀑布

6. 技术趋势

技术的进步有助于许多行业提高效率、控制成本，旅游业也不例外。人工智能、虚拟现实等不仅能够对政府机构、公司企业的管理提供机遇，同时，也为旅游企业开发新的旅游产品提供了契机。随着互联网的飞速发展，在互联网平台上的旅游预定、交付将更加频繁，同时基于互联网的虚拟旅游等新兴旅游产品也会发展起来。另外，技术的发展也将使得国家之间、企业之间的竞争更加激烈，旅游产品的更新将加快，饭店、旅行社等企业产品设计及市场投放的速度将更为重要。

（二）未来的观光市场

中国的经济改革可以说是从农民与土地的关系开始的，30多年的历史证明，这一改革取得了重大成功，农业生产效率大大提高，大量农民从土地中解放出来逐步转移到城市，虽然他们仍然被称为"农民工"。数量庞大的"农民工"和仍然身处乡村社区的更加庞大的农业人口，对中国未来旅游业的发展有什么影响？他们会不会一如20世纪90年代的城镇居民那样，在未来的几年里掀起一股国内观光旅游的热潮？综述已有国内旅游文献发现，农民和旅游的关系并未引起足够重视，仅有的一些研究也多数是从乡村旅游这一语境中，农民作为"被旅游"来透视，而作为游客，农民好像一直没有"被研究"过。也许，从观光旅游来看，他们的时代到来了！

农民作为一类观光游客，在江浙、广深一带的旅行代理商那里，已经不是一种假设，而是一个正在逐步扩张的出游市场。但是作为全国整体格局，这一市场显然仍在积蓄力量、伺机而发。由于尚未展开系统的调查研究，我们只能在这里作一笼统的预见性分析，分别就市场类型、地区分布、产品选择等角度，谈一点抛砖引玉的看法。

农民（观光）旅游市场首先表现在千万流动大军，也就是从进城务工人口集中的省份，主要是中部地区、西南地区、东北地区，向着东部沿海地区的周期性移动。这些"农民工"在寻找工作、工休假日、返乡探亲等移动过程中，存在种种观光客的潜在市场需求，特别是那些较早进入民工市场，在就业的城市已经务工5年以上的人口中，已经基本在城市站住了脚，他们的休闲、观光需求已经逐步表现出来。长三角、珠三角、京津唐、福建与山东沿海地区，这些农民工相对集中的省市，会有越来越多的农民工旅游者参与到当地的旅游潮流中；同时，由东北、河南、安徽、湖南、四川、江西、贵州等农民工产生地出发至就业地的沿途，也会存在许多观光旅游的机会市场。

第二种市场类型是经济发达地区的农民自觉的出游行为，这些地区的农村经济得到较好的发展，农民手中的可支配收入

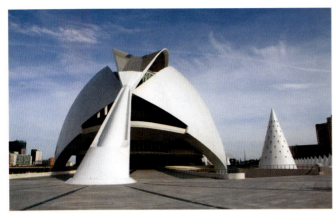

西班牙 Valencia, Palau de les Arts

西班牙 San Sebastian, Bahia de La Concha

足以支持其国内出省旅游的产生和实现。广东、福建、浙江、江苏、山东、辽宁等沿海省份,都或多或少地出现了这一类型的观光市场。

第三种市场是遍布全国的本地农民周边游现象。网络技术和基于网络信息的社会传播已经广泛地深入到全国大多数农村,对农村地区的消费观念,特别是对80后、90后年青一代消费观念的影响,已经产生了明显的引导效应。旅游消费作为一种新的消费方式,作为一种青年一代增长知识的户外教育途径,作为一种社会交往和地位体现的形式,得到了农村广大青年的认同。他们限于可支配收入水平一时不足以突破出省旅游的门槛,但是在居住地周边的景点游览,已经成为较为常见的需求,这也为二线城市、三线城市和普通县城的旅游业与休闲娱乐业发展,提供了基本土壤。

第四种农村市场可以视为人数不多、但未来趋势明显的乡村富人旅游。虽然中国各地经济发展很不平衡,但是无论是东部沿海地区、西部欠发达地区还是中部尚待崛起地区,都得益于改革开放政策和富于冒险的创业精神,每个地区都涌现出了人数不多、财富集中的农民企业家。这批人的消费观念尚在进化之中,他们是当地休闲度假、旅游地产的先行者。未来的中国度假景观,一定程度上受到这一群体的影响。

(三) 未来之梦:把中国城市建设成为度假天堂

熟悉中国旅游规划行情的人都会认识到,中国旅游规划与设计市场,正由广泛的区域旅游规划和政府旅游管理五年规划,向着旅游区、主题景区、度假区的策划、规划、设计、施工、管理领域转变。这一转变也在推动着规划设计人员知识结构、咨询产品的变化。随着旅游度假区规划建设的深入发展,我们突然意识到,中国不可能像北美、欧洲那样为中国这样庞大的人口,提供在国际上十分流行的海滨、温泉、滑雪度假产品:这些度假区几乎都分布在远离城市、环境优美、自然资源丰富的地区。

与西方发展模式相比,中国拥有的资源实在太有限了。仅以美国与中国对比为例,美国人口不到中国的四分之一,占全球人口的5%,却占用全球25%的资源,美国国土面积中有超过3.5%的土地面积被划设为国家公园,而且国家公园内并无永久性居民。不计国家公园之下的州立公园,美国人均拥有的国家公园面积即达11.3平方公里/万人。2009年统计,中国187处国家级风景名胜区加上698处省级风景名胜区,其总面积才约占国土面积的1.89%,从人均水平上看,只有0.00013平方公里/万人。此外,特别需要指出的是,中国的风景名胜区并不像美国的国家公园那样基本上没有永久性居民,中国的风景名胜区内居住着大量城市或乡村人口。也就是说,即使游客不进入,风景区内的人口已经远远超过美国游客进入的人口了。如果考虑到中国自然保护区的资源,中国已建立的各级自然保护区2300多个,总面积150万平方公里,约占陆地国土面积的15%,但不少自然保护区,特别是一些西部地区的自然保护区由于自然条件恶劣,普通游客根本无法进入(藏北无人区、青海三江源、内蒙古额尔古纳等),仅有一些生态旅游者才会利用到这些资源。就更加广泛的休闲度假市场来说,海滨资源更为重要。美国拥有面临大西洋、太平洋两侧广袤绵长的海岸线,大陆海岸线长度达2.27万公里,而且多数是适宜于海滩发育的基岩海岸。与美国相比,中国的大陆海岸线只有1.8万公里,杭州湾以北,以平原海岸居多,而且在渤海的辽东湾、渤海湾和莱州湾沿岸及濒临黄海的苏北海岸,都是属于淤泥质平原海岸,较难为旅游度假所利用。在北回归线以南,又发育了生物海岸,为红树林密布地区,同样不便于开发利用。

同样,中国历史文化资源虽然丰富而灿烂,但是与欧洲相比,中国公共建筑多为土木材料,一经兵燹之祸便销声匿迹,留存于世间的古代建筑空间实属罕见,即使有那么几座辉煌

意大利罗马古建筑

构筑,也是十分脆弱,文物部门整天小心翼翼,游客一至,忧虑不已。而在欧洲多数城市,特别是历史上的公共建筑,如广场、宫殿、寺庙教堂、博物馆、纪念建筑等,多数由石材与砖料砌筑,虽然历经战火与朝代更迭,却数千年巍然屹立,为欧洲各国的遗产旅游、艺术旅游提供了广阔的空间。

实际上,我们在迅速城市化、工业化、全球化过程中,面对人口基数十分巨大、市场需求迅速增加、拥有资源极为有限的形势,作为肩负旅游产品供给使命的规划师,需要以一种整体战略来应对:这个战略就是不走西方曾经走过的模式道路,而是探索中国自己的发展模式,把中国的城市,至少是相当一部分城市,规划建设成为适合人类休闲、度假的目的地!

我们深知,这个战略要得到接受并加以实施,是十分困难的,但我们却别无选择。现代西方生活方式有一个共同特征,就是以矿物燃料和汽车为代价的便捷舒适的一次性消费主义。

如果中国要模仿美国模式发展并达到他们的生活水平,我们需要依赖第二颗、第三颗地球才能提供那样庞大的能源,这是不可能的,我们必须另辟蹊径。另外在文化层面上,中国传统的集体主义和从众行为,也为人群集中的城市式休闲度假方式提供了可能。西方人的文化基因中,个体主义、离群索居、享受孤独,促进了目前流行的西方式休闲度假方式,而这一文化基因影响下形成的"主流"旅游模式,并不适合于中国。

以一个城市为另一个城市的度假目的地,在中国其实并不是天方夜谭。首批中国最佳旅游城市成都,被张艺谋称为"一座来了就不想离开的城市",被大地风景旅游景观规划院的旅游形象定位称为"中国人(式)的休闲之都",都显示了其在吸引、招徕、滞留、重访游客方面具有的神奇魅力。城市或其附近有丰富的自然与文化资源(大熊猫繁育基地、都江堰青城山、峨眉山——乐山大佛双遗产、大足石刻、九寨沟、黄龙6处世界遗产地);城市居民有好客传统与休闲气质(不可忽视成都美女的魅力);川菜与名酒名茶为依托的美食文化;相对便宜的物价;非常便捷的交通区位和接待设施……以成都为实验基地,中国人完全能够探索找到一条以城市为度假地的发展模式。我们相信,城市度假并不只是一个未来之梦,中国人能够让它成为现实。

与城市作为休闲度假目的地的未来之梦紧密相连的一个话题,就是旅游与房地产结合的产物,我们称之为"旅游地产"。本世纪初以来,中国社会经济水平的提高以及地产市场的激烈竞争都使得地产业与旅游业有了更加密切的联系。此前地产商热衷于"造房",而现如今,"造房"远远满足不了市场的需求,还要"造景、造城、造生活",称城市建设已经步入旅游地产时代,也许并不为过。在旅游地产发展过程中,出现了大面积土地地块(面积从数十平方公里到数百平方公里)以旅游为导向的综合土地开发模式(Tourism-Oriented Land Development, TOLD),在这种模式中,政府以土地入股,房地产开发商以投资者身份进入,土地利用方式以旅游产品为品牌指向,功能配置方面纳入生态、旅游、房地产、运动、商业、会展、农业、创意产业等综合结构,最终为城市提供了一个新的建设方向、一片新的城市空间、一种新的生活方式。这种生活方式的实现,也就为城市作为度假地的战略的实施,提供了一种可能。

吴必虎 执笔

王珏、杨小兰、张波、盛永利、董晓莉参与研讨

参考文献：

[1] AAPA. AAPA Annual Report 2009[EB/OL]. http://www.aapairlines.org/resource_centre/AAPA_AR2009_Outlook2010.pdf. 2010-01-15.

[2] Airbus. Global Market Forecast 2009-2028[EB/OL]. http://www.airbus.com. 2010-01-15.

[3] American Express. American Express clients expect China to lead business travel recovery: Company Reports Results of Two Surveys Evaluating the Economic and Business Travel Outlook of its Largest Global Clients and its China-based Clients[EB/OL]. http://home3.americanexpress.com/corp/pc/2009/gbp.asp. 2010-01-15.

[4] Boeing. Current Market Outlook 2009-2028[EB/OL]. http://www.boeing.com/commercial/cmo/pdf/Boeing_Current_Market_Outlook_2009_to_2028.pdf. 2010-01-15.

[5] Boniface B. G., Cooper C. P.. The Geography of Travel and Tourism[M]. London: Heinemann. 1987.

[6] Buhalis D., Costa C.. Tourism Management Dynamics: Trends, Management and Tools[M]. Elsevier Ltd. 2006.

[7] Cai L., Li M., Knutson B.. Research on China outbound market: a metareview[J]. Journal of Hospitality and Leisure Marketing, 2007, 16(1/2): 5–20.

[8] Carr N.. The tourism–leisure behavioural continuum[J]. Annals of Tourism Research, 2002, 29(4): 972-986.

[9] Cetron M., DeMicco F., Owen D.. 张凌云, 李天元译. 饭店与旅游业发展趋势分析[M]. 天津: 南开大学出版社. 2008.

[10] Clawson M., Knetsch J.L.. Economics of Outdoor Recreation[M]. Baltimore: The Johns Hopkins University Press. 1966.

[11] Cohen E.. Contemporary Tourism: Diversity and Change[M]. Oxford: Elsevier. 2004.

[12] Cole S., Razak V.. Tourism as future[J]. Futures, 2009, 41: 335-345.

[13] Credit Lyonnais Securities Asia. China outbound tourism industry ready to boom —— China to become world's largest supplier of tourists by 2020 in CLSA report[EB/OL]. https://www.clsa.com/about-clsa/media-centre/2005-media-releases/20050926_en.php. 2010-01-15.

[14] Dwyer L., Edwards D., Mistilis N., Scott N., Cooper C., Roman C.. Trends Underpinning Tourism to 2020: An analysis of key drivers for change[EB/OL]. http://www.tourism.wu-wien.ac.at/Summit/Material/Tourism_Megatrends_2007.pdf, 2010-01-15.

[15] Dwyer L., Edwards D., Mistilis N., Scott N., Roman C., & Cooper C.. Megatrends underpinning tourism to 2020: An analysis of key drivers for change[M]. Gold Coast, Australia: CRC for Sustainable Tourism. 2008.

[16] European Travel Commission, European Travel and Tourism Action Group. Tourism trends for Europe[EB/OL]. http://www.etc-corporate.org/resources/uploads/ETC_Tourism_Trends_for_Europe_09-2006_ENG.pdf. 2010-01-15.

[17] Glenn J. C., Gordon T. J., Florescu E.. State of the future at the millennium[EB/OL]. http://www.millennium-project.org/millennium/SOF2009-English.pdf. 2010-01-15.

[18] Hammond A.. Which world? Scenarios for the 21st century: global destinies Regional Choices[M]. NY: Island Press. 1998.

[19] Held D., McGrew A., Goldblatt D.. Global Transformations: Politics, Economics And Culture[M]. California: Stanford University Press. 1999.

[20] Li X., Harrill R., Uysal M., Burnett T., Zhan X.. Estimating the size of the Chinese outbound travel market: A demand-side approach[J]. Tourism Management, 2010, 31(2): 250-259.

[21] Nordin S.. Tourism of tomorrow —— Travel trends and forces of change. U 2005:27, ETOUR —— European Tourism Research Institute, Mittuniversitetet, 831 25 Östersund. http://www.miun.se/upload/Etour/Publikationer/Utredningsserien/U200527.pdf. 2010-01-15.

[22] Papathanassis, A. (ed.). Cruise Sector Growth: Managing Emerging Markets, Human Resources, Processes and Systems[M]. Wiesbaden: Gabler. 2009.

[23] PATA. Visa and PATA: Aisa Pacific Travel Intention Survey_Determining travel preferences for 2009 and beyond[EB/OL]. http://www.pata.org/patasite/fileadmin/docs/marketresearch/Visa_PATA_Asia_Travel_Intentions_Survey_2009.pdf. 2010a-01-15.

[24] PATA. PATA号召全体会员用行动响应哥本哈根峰会[EB/OL]. http://www.patachina.org/c0113572.html. 2010b-01-15.

[25] Song H., Li G.. Tourism demand modelling and forecasting: A review of recent research[J]. Tourism Management, 2008, 29(2): 203-220.

[26] [Sparks B., Pan W. G.. Chinese Outbound tourists: Understanding their attitudes, constraints and use of information sources[J]. Tourism Management, 2008, 30(4): 483-494.

[27] The Sunday Times Online. Asia Pacific: massive destination and emerging source market[EB/OL]. http://sundaytimes.lk/080406/FinancialTimes/ft326.html. 2010-01-15.

[28] United Nations. World urbanization prospects: the 2007 revision[EB/OL]. http://www.un.org/esa/population/publications/wup2007/2007WUP_ExecSum_web.pdf. 2010-01-15.

[29] UNWTO. The Chinese Outbound Travel Market: with Special Insight into the Image of Europe as a Destination[EB/OL]. http://pub.world-tourism.org:81/WebRoot/Store/Shops/Infoshop/4911/C65A/6477/A1B0/8CE8/C0A8/0164/250E/081105_chinese_outbound_travel_market_excerpt.pdf. 2010a-01-15.

[30] UNWTO. Roadmap for Recovery: Tourism & Travel[EB/OL]. http://www.unwto.org/pdf/roadmap_EN.pdf. 2010b-01-15.

[31] UNWTO. Tourism 2020 Vision[EB/OL]. http://www.unwto.org/facts/eng/vision.htm. 2010c-01-15.

[32] WTTC. Travel & Tourism Economic Impact: Executive Summary[EB/OL]. http://wttc.travel/download.php?file=http://www.wttc.org/bin/pdf/original_pdf_file/exec_summary_2009.pdf. 2010a-01-15.

[33] WTTC. Travel & Tourism Economic Impact: China[EB/OL]. http://www.wttc.org/bin/pdf/original_pdf_file/china.pdf. 2010b-01-15.

[34] Yeoman I.. Tomorrow's Tourist: Scenarios & Trends[M]. Butterworth Oxford: Heinemann. 2008.

[35] 国际货币基金组织. 世界经济展望最新预测[EB/OL]. http://www.imf.org/external/chinese/pubs/ft/weo/2010/update/01/pdf/0110c.pdf. 2010-01-15.

[36] 国际现代建筑协会原著, 清华大学营建学系译. 雅典宪章(Athens' Charter)[J]. 城市发展研究, 2007, 14(5): 123-126.

[37] 国务院办公厅. 国务院关于加快发展旅游业的意见[EB/OL]. 国家旅游局官网: http://www.cnta.com/html/2009-12/2009-12-3-18-48-76377_1.html. 2010-01-15.

[38] 环球旅讯. Trip Advisor发布2010年旅行趋势[EB/OL]. http://www.traveldaily.cn/news/36690_7.html. 2010-01-15.

[39] 联合国. 联合国报告: 世界人口到2050年将超过90亿[EB/OL]. http://www.un.org/zh/development/population/newsdetails.asp?newsID=11318. 2010-01-15.

[40] 联合国经济及社会理事会. 世界人口趋势[EB/OL]. http://www.un.org/zh/documents/view_doc.asp?symbol=E/CN.9/2009/6. 2010-01-15.

[41] 联合国网站新闻中心. 世旅组织: 亚太地区带动全球旅游业发展[EB/OL]. http://www.un.org/chinese/News/fullstorynews.asp?newsID=7756. 2010-01-15.

[42] 联合早报网. 全球旅游业复苏 中国是火车头[EB/OL]. http://www.zaobao.com/special/us/pages10/fincrisis091112c.shtml. 2010-01-15.

[43] 世界银行. 2010年全球经济展望: 危机、金融与增长[EB/OL]. http://web.worldbank.org/WBSITE/EXTERNAL/EXTDEC/EXTDECPROSPECTS/EXTGBLPROSPECTSCHI/0,,menuPK:5524839~pagePK:64218926~piPK:64218953~theSitePK:5524642,00.html. 2010-01-15.

[44] 吴必虎. 旅游研究与旅游发展. 天津: 南开大学出版社. 2009.

[45] 吴必虎, 宋子千. 旅游学概论[M]. 北京: 中国旅游出版社. 2009.

[46] 中国网. 《关于加快发展旅游业的意见》引起强烈国际反响[EB/OL]. http://www.china.com.cn/travel/txt/2009-12/28/content_19142668.htm. 2010-01-15.

山西灵石王家大院

面向"十二五"规划的社会经济发展趋势与旅游业响应[①]

文/崔凤军

【摘 要】"十二五"期间,中国面临着世界范围内的经济结局调整和中国社会从生存型阶段跨入发展型阶段的历史性变化。本文提出中国旅游业在此阶段必须重视的"六个时代"特别是消费时代带来的机遇与挑战,并在此基础上提出了发展旅游业的对策。

【关键词】六个时代;旅游业;大消费

引 言

"十二五"是我国改革开放"前三十年"与"下一个三十年"相衔接和过渡的五年,是从"物的发展"到"人的全面发展"转型的五年,地位特殊而重要。在这个五年间,从世界范围来看,后危机时代来临,金融危机及其引发的世界范围内的经济衰退,必将产生全球性经济格局和经济结构的重大变化。从国内看,前30年的积累,使得中国社会发生了历史性变化,

---

作者简介:崔凤军 博士,教授,浙江省改革与发展委员会副主任。研究方向:旅游经济与管理,产业经济学。

从生存型阶段跨入发展型阶段，社会结构将发生深刻而显著的变化，从社会结构的四大指标——就业结构、消费结构、城乡结构与社会阶层结构中我们可以清晰地看到这一点。同时，市场经济将进一步成熟，市场基础力在资源配置过程中将发挥更加重要的作用。政府也正在积极转型，归位民生，从赚钱到花钱，从"做大蛋糕"到"分好蛋糕"。

在此宏观经济背景下，旅游作为社会经济发展到一定水平的产物和人类一种享受性的、带有民生特点的精神活动，被赋予了"国民经济的战略性支柱产业和人民群众更加满意的现代服务业"的使命，必须应对新形势，研究新课题，解决新问题，取得新发展。特别是要把握"十二五"社会经济发展中的趋势和特征，据此制定旅游业发展战略。

一、"六个时代"："十二五"社会经济发展趋势的基本判断

（一）大消费时代

在拉动中国经济增长的投资、出口和消费"三驾马车"中，从消费率三个阶段的变化可以看出，80年代靠投资和消费双拉动，90年代主要靠投资，21世纪则是投资和净出口双拉动。消费的作用不断弱化，其对经济增长的贡献率，80年代平均为64%，90年代为56%，到21世纪初仅为41%。在中国，国民收入和财政的蛋糕越大，新增国民收入越多，往往越容易出现有利于企业不利于劳动者、有利于投资不利于消费的局面。

投资率偏高、消费率偏低，主要依靠投资和出口拉动的经济增长方式，在后金融危机时代受到了严重挑战。首先，外需萎缩是中长期的趋势，全球将进入需求不足的时代；其次，即使外需恢复，也将伴随着结构的重大调整；第三，投资拉动也将进入一个市场过剩与基础设施过度的尴尬之境。作为一个大国，长期主要依赖外需和投资拉动经济增长，会加大经济的不确定性，不利于国民经济的良性循环。在此情况下，扩大国内需求特别是消费需求就成为转变经济发展方式的重要政策导向，经济增长将主要依靠投资拉动转向更多的依靠消费拉动，逐步进入消费、投资、出口协调拉动的重要阶段。

（二）城乡统筹与城镇化时代

从农村、农业社会向城市、工业社会的转变是我国市场经济推进到一定阶段的必然结果，按照国际一般标准，当人均GDP达到3000美元以上时，开始进入工业化中后期，城市化率大约60%左右，但2009年中国人均GDP超过了3000美元，城市化率只有46.6%。与我国人均收入相差不大的国家如马来西亚、菲律宾，城市化率在60%以上，发达国家更是达到了80%左右。

如果未来几年把中国城市人口从4.5亿增加到9亿，城镇居民所占比重从1/3提高到2/3，服务业的比重增加到50%以上，就可以为经济增长创造一个长期的内需释放过程。一是扩大投资需求，包括产业、基础设施、和房地产投资。从2003年至2008年的统计数据可以得出一个粗略的结论：每增加一个城市人口可以引出50万元的城镇固定资产投资。预计未来五年有希望超过50%的城市化率，未来10年将产生超过225亿元的投资规模。从长期看，中国的城市化水平每提高1个百分点，人均GDP就提升2.25个百分点。二是在引发消费需求的同时，也为城市提供了巨大的劳动力资源。目前，中国的非农业人口为3.5亿，长期在城市居住的农业人口为1亿。2009年农村外出打工的劳动力有1.49亿。农民工是中国产业工人的主力军，其比重已经达到了43%，其中建筑业中超过80%，制造业和服务业超过50%。但是，刘易斯第一个拐点即将到来，中国的"人口红利"即将结束。而城镇化可以有效缓解这一进程，为中国的进一步工业化提供人力资源。三是提高居民收入，缩小贫富差距，推进社会稳定。城市化的核心是"化"人，是减少农民、增加市民的过程，而城市提供的稳定的就业为新市民带来较高和稳定的收入，有利于降低基尼系数。四是人口的集聚带来的是生活性服务业的发展，改善城镇的经济结构，提升城市的服务功能。因为城镇化是一个资源重新配置的过程，是一个效率提高、交易成本降低的过程，也是一个经济高速发展和农业比重降低而结构变迁的过程。

可以说，城镇化是关系现代化建设全局的重大战略，是中国现阶段和今后三十年经济发展的根本出路。

（三）社会转型时代

我国的社会转型首先体现在社会阶层结构的转变上。我国的社会进阶之路是"壮大中产阶级，缩小中低阶层，整合阶层利益关系，实现橄榄形结构"。未来8~10年，农业劳动者会有一个大幅度的减少，而中国的职业高级化水平将有一个飞跃式的提高，社会中间层将有一个跳跃式扩大。2001年中国的中产阶层为15%，2009年为23%，基本上每年增加一个百分点。以浙江为例，目前浙江中等收入群体（以年5万元可支配收入）占全部从业人员的30%左右；"十二五"末，即到2015年，这一比例可能要达到40%~50%。

社会转型还体现在社会关注重心的变化上，人们将逐渐淡化GDP/GNP这些经济增长的指标，而更关注环境和社会公正

等反映大众生活质量的指标。同时,不断普及与强化"福利国家"的理念,要求增加社会保障,要求调整收入再分配机制,要求缩短工作日。

当然,社会转型也体现在公民意识、民主权利觉醒,私有产权确立后,公民参与公共决策的意识大大加强,城乡之间、不同阶层之间的摩擦有所激化等方面。

(四)低碳经济时代

低碳经济是在可持续发展理念指导下,通过技术创新、制度创新、产业转型、新能源开发等多种手段,尽可能地减少煤炭石油等高碳能源消耗,减少温室气体排放,达到经济社会发展与生态环境保护双赢的一种经济发展形态。它不仅涉及技术革命,还会影响社会变革。

著名的库兹涅茨"倒U曲线"理论表明:在工业化的过程中,伴随着人均GDP的增加,环境污染的程度将呈现上升的趋势;随着人均GDP的进一步提高,环境污染程度会逐年呈现下降的趋势。从我国环境污染情况来看,根据统计资料,没有经过处理或不达标的废水、废气、废渣等三废的排放量一直呈现上升趋势。我们的总体判断是环境污染还处于倒U曲线的左侧,且离拐点还有一定距离。

随着全球气候变化、环境问题等老百姓切身相关的环境变化,使人们越来越关注低碳经济,环境意识开始觉醒,今后,环境需求将大于经济需求。

在这样的背景下,改革势在必行。政府将推行一系列有利于节约资源、保护环境的生产方式、交通方式、产业政策和消费模式。具体地,包括资源体制改革、政府评价机制的改革和财政、税收体制改革等内容。

(五)政府转型时代

迟福林认为,中国经济发展方式转变关键在于推进政府转型。

北京怀柔红螺湖

四川九寨沟中查沟藏村

福建永定土楼

双流黄龙溪古镇

当前政府主导的经济增长方式依然占据主导地位，表现为以追求GDP为主要目标，以扩大投资规模为主要任务，以上重化工业项目和热衷批租土地为主要途径，以行政推动和行政干预为主要手段。

未来，由经济刺激型政府向公共服务型政府转型，建立服务政府、责任政府、法治政府、透明政府、效率政府和廉洁政府，必然成为我国发展方式转型的推动力，由此希望终结以GDP为中心的增长主义，自觉走公平与可持续的科学发展之路。"十二五"阶段政府转型的三个重点，一是实现由经济建设型主体向公共服务型主体转化；二是从单纯注重经济增长向关注和谐社会发展的转变；三是实现以GDP为中心向以提供制度性公共产品为中心转变。

（六）大审美时代

经济学家认为，迄今为止的人类经济发展历程经历了农业—工业—大审美经济形态。其中，大审美经济形态是超越以商品的使用价值和交换价值为中心的传统经济，代之以实用和审美，文化和体验相结合的经济。

在这个阶段，人们进行消费，不仅仅是购买物质生活必需品，而是越来越多地购买文化艺术，购买精神享受，购买审美体验，甚至花钱购买一种氛围，购买一句话，一个符号。这种大审美经济的标志是"体验经济"的出现，它反映了越来越多的人在日常生活中追求一种精神享受，追求一种快乐和幸福的体验，追求一种审美气氛。同时，审美体验的要求越来越广泛地渗透到日常生活的各个方面，这就是"日常生活审美化"。人们不是用审美的眼光看待日常生活，而是通过商品消费来产生感性体验的愉悦。

在生活水平低下的时候，快乐很大程度上取决于是否有钱，可是在生活比较富裕后，快乐并不正比例地取决于是否有钱，不能把效用、而要把快乐作为经济发展的根本目的，最美好的生活应该是使人产生完整的愉快体验的生活。这是经济学200多年最大的一次价值转向。因此在大审美阶段，文化产业必然会受到更大重视，"功能美"也必然在社会生活中占据越来越重要的地位。

当然，中国今后的三十年发展绝不仅仅体现在上述六个时代上。但考虑到本文初衷是为旅游业的发展提供研究背景，作者据此做出了上述判断。

二、六个时代的变革给旅游业带来的机遇和挑战

（一）消费升级是旅游业发展的内在动力

我国部分省市人均GDP已经超过6000美元，根据发达国家的经验，这是跨入大众高消费阶段的重要节点，城乡居民消费结构将从生存温饱型向发展型、享受型转变。一是从日用消费品向耐用消费品升级；二是从物质的追求向人的自身发展升级；三是从私人产品的需求向公共产品需求转化，具体表现在：

一是"买高档"：高档耐用消费品的普及化。与我们国家有着类似发展历程的日本，在20世纪60年代迎来了大众消费时代的高潮，即以"三种神器"为代表的耐用消费品迅速普及，即：黑白电视机、洗衣机、电冰箱。后来，这三种神器被新的"3C产品"所代替：分别是：彩电（Colour Tv）、空调（Conditioner）、小轿车（Car）。到七十年代末，这种耐用消费品的普及率均超过50%。在中国，这样的变化也非常明显。近五年，中国消费者在高端耐用消费品的消费中，普及最快的是电话（特别是移动电话）；其次是自用住宅、家用汽车。以浙江为例，2008年平均每百户城镇居民家庭拥有汽车19.65辆，电脑79.45台，分别是2000年的40.9倍和5.7倍。

二是"买住房"：住宅建设和装修热潮的出现。从上个世纪开始的住房制度改革，引发了中国人对商品住宅的大量需求，引致了房地产热潮。与此同时，随着人们收入的快速增长，加上追求舒适生活的需求偏好，直接引发了装修热潮。这一点与美国上世纪20年代颇为相似。美国是世界上第一个进入大众高消费时代的国家，其消费的四种主要物质：独立式住宅、汽车、各种家用电器和高档食品消费。

三是"买服务"：休闲消费热潮的出现。我国城乡居民发展型消费支出比重迅速提高，以浙江为例，2008年浙江省城镇居民在居住、交通、通讯、娱乐、教育、文化、医疗保健等方面的支持比重达到了45.2%，比2000年提高了7个百分点。此外，收入增加，工作日减少，长短假期配合，长假盛行，由此推动了旅游、度假等休闲消费的热潮。据国家旅游局有关统计数据，从2000年到2008年，国内旅游人数从7.44亿人次，上升到17.7亿人次。出境人数从1047万人次上升为4584万人次，增长了三倍，其中因私出境者由563万人增加到4013万人次。

（二）中国特色城镇化是旅游业发展的有力助推

在我国，目前已基本确立中国特色城镇化发展道路，即以增强综合承载能力为重点，促进大中小城市和小城镇协调发展。一是以特大城市为依托，形成辐射作用大的城市群和都市经济圈。二是把发展中小城市和小城镇放在重要位置，加快东部地区中心镇和中西部地区县城的发展。三是坚持"统筹城乡"发展的基本战略，促进农民工市民化。

"工业化创造供给，城市化创造消费"。随着城镇化的推进，现代服务业发展也是必然。其中，生产型服务业属于规模经济不完全竞争部门，受规模经济影响和垄断利润的需要，服务业有非常显著的持续向区域中心城市集聚的发展态势。为旅游者服务的生活型服务业，也同样受规模经济的影响，特别是居住人口（或者外来旅游者居住区）的影响较大。服务业发展的一般规律是：随着城市化水平的提高，服务业在经济中的总比重不断上升，服务业内部结构逐渐优化；流通服务、社会服务和生产者服务渐次成为城市化中前期、中期和中后期的主导性服务行业。

从服务业态来看，为旅游者服务和为当地居民的服务内容上虽有差别，但总体上相似。可以说，城市越大、越发达，生活性服务业也越丰富、越发达，为旅游者服务的内容也越丰富，竞争越充分，服务质量也越高。如黄山屯溪老街和杭州河坊街，同属于依托国内知名旅游景区的特色街区，但因为黄山与杭州在城市规模和发展层次上相差较大，因此不论从服务内容还是服务质量上，都相差较大一个档次。我们可以得出这样一个结论：在一定程度上讲城市化决定旅游业服务质量；服务业越发达，旅游服务质量越高，服务内容越丰富。

因此，站在城市背景下看旅游业的发展，至少可以看到

云南丽江古城

以下一些机遇：旅游主体的规模扩大，国内旅游持续升温；旅游载体（产品）可以实现多样化，如被遗弃的乡村开发成受人欢迎的旅游产品；基于旅游服务业要素集聚化的城市群旅游；基于旅游接待服务多元化的中心城镇旅游，特别是一些旅游特色乡镇的形成与服务质量提升；旅游媒介的提升，如高铁时代等带来的交通便利化，信息化普及带动旅游信息的无障碍传播等。

（三）社会转型时代旅游业民生属性的战略意义

社会转型时代，我国面临社会利益格局剧烈调整、社会个体的价值追求多元化冲突、政治体制改革滞后与人民民主意识觉醒等众多矛盾。在许多地方，具有民生性质的旅游业能够成为地方发展的良方。

旅游业的民生性质概括为"四个提升"：

一是提升就业。"就业是最大的民生"。旅游业是典型的劳动密集型产业，能够吸纳大量人员就业，可以转移富余劳动力和制造业劳动力，扩大社会充分就业程度，优化从业结构。

二是提升生活质量。只有与广大群众的基本生活状态和切身利益直接相关的公共投入，才属于解决民生问题的投入。旅游和改善人们的生存质量紧密关联，和人们生活的依存度高，具有明显的基础保障性（见肖飞，"论公民旅游的民生性质"，旅游学刊，2009年第8期）。

三是提升居民和社会素质，缩小贫富差距。不管是旅游者还是当地居民，均从旅游中得到素质的提高，见识的提高。同时，旅游业是解决收入差距的重要途径。旅游资源丰富地区往往都是经济不发达地区，旅游业服务人群往往是社会的基层人群，而旅游高消费人群往往是高收入阶层，这是一种财富的转移。

四是提升社会协调度。旅游业促进人类对环境问题的更多反省。旅游者追求美好环境和生态，更加关注环境健康和人类持续发展，对环境问题的关注度大大加强，有助于从思想上促进对环境问题的解决。

（四）低碳经济凸显旅游业发展优势

国务院常务会议决定，到2020年我国单位国内生产总值二氧化碳排放（即"碳强度"）比2005年下降40%至45%，并以此作为约束性指标纳入国民经济和社会发展中长期规划，并制定相应的国内统计、监测、考核办法。这是中国政府向世界承诺的减排目标，责任重大。在这个过程中，旅游的优势能够充分突显。

首先，旅游业占用资源相对较少，而且很多资源可以永续利用，由此自然形成碳排放少的突出优势。世界经济论坛报告显示，旅游业（包括与旅游业相关的运输业）碳排放占世界总量的5%，其中运输业占2%，纯旅游业占3%。其次，多年的实践证明，保护环境、挖掘文化成为旅游发展的内在动力，通过发展旅游，促进环境的保护，进一步促进环境的提升和改善，形成深层次的利益机制，从多年的发展经验来看，是完全可以达到的，有助于承担我们的减碳责任。再次，通过旅游发展，对其他产业产生良性替代，形成产业补偿，从而达到既节能减排又促进发展的双重目标。比如，因为原来没有其他的收入渠道，有很多地方以砍树炸山为生。但是，随着旅游发展，在游客眼中一棵树木、一块石头都是宝贝，当地人自然地发现保持原生态的重要性，都停止了以前的破坏活动。类似情况比比皆是，可见旅游不仅具有低碳发展的巨大优势，而且可以成为中国低碳经济发展中的先锋和亮点。

江苏泗洪双沟酒厂踩曲妹

（五）政府主导向市场主导转变下的旅游业

《中国旅游50年》（国家旅游局，1999）一书序言中说，中国旅游业之所以取得今天这样的成绩，最大的经验是在政府的主导下把它当作一种经济性事业来对待。一语道出前三十年中国实施"政府主导型"发展战略的基本特点。

旅游产业是跨部门、多行业组成的综合性产业，政府主导在整合社会各方力量、集中优质资源发展旅游业方面有不可替代的作用。不可否认，我国的旅游产业在政府主导下取得了从无到有的丰硕成果，西班牙、新加坡等国家的旅游业发展也都得益于这一战略。但是，也有越来越多的学者质疑这种路径是否能在下一个历史阶段同样适用，我们一致的观点认为，中国实行政府主导的原因是市场的缺位，是市场发育不完全的结果。当市场体系发育较为完备之后，旅游产业就会过渡到市场主导。许多学者还指出，政府主导实际上是和市场运行相悖的，它存在着严重的过度规制与政策失灵。还有学者深刻指出这种失灵的负外部性甚至大于市场失灵，进而导致市场的无序竞争。我国在产业供给上已经具备了很大的规模，但是并没有实现合理的结构与竞争力，其中非常重要的原因，是政府在主导的过程中对于同样能够参与到旅游消费产生的利润流分配的旅游企业，尤其是旅行社业进行了过度管制。

笔者认为，旅游业是国民经济中重要的、带有民生特点的产业形态（或者称之为"准民生产业"），符合经济发展规律，首先要交给市场来发展，因为市场是效率的根源。但同时，政府不能缺位，在一些经济效益差，但群众有需求的旅游项目上，政府的公共财政给予支持是必需的。另外，政府的行政力量要减少对市场化的干扰，在旅游产业发展的新型时期，我们仍然需要政府参与到旅游经济中来，但旅游业应该按"政府主导——市场引导、政府主体——市场主导、政府促进"一步步演进。

（六）大审美时代的旅游业

2009年是中国文化产业发展史上具有转折意义的一年，国务院出台的《文化产业振兴规划》使得文化产业成为上至中央决策层下至各级党委政府的热门话题。"十二五"期间，文化产业发展具有十分广阔的空间，据分析，目前我国能提供的文化产品和服务只能满足城乡居民的1/4，供需之间存在结构性缺口高达1万亿元以上。

而旅游业拥有的天然的"文化"特性：旅游是一种精神的享受和文化的消费，旅游的动机主要是文化因素（文化差异或者文化认同）；旅游的过程是审美与体验的享受过程；旅游对象（产品）必须拥有审美特征。

因此，文化的勃兴必将为旅游业发展带来巨大机遇，旅游业必须依托文化而发展：众多文化资源得到重视和开发，其开发利用的"出口"往往就是旅游；大量的政府引导资金进入文化，旅游业的社会属性得以全面发挥，借力发展成为可能；创意产业、信息技术、动漫产业等的发展既为旅游业提供了新的产品，也装备了传统旅游产品，例如以动漫、信息技术为核心的第四代主题公园开始出现；旅游文化作为文化产业的重要组成成分，旅游业也会成为国家"软实力"建设的重要内容，成为"闯世界"的重要载体，此举将大大推进旅游业国际化进程。

尤其要进一步指出的是，文化创意产业的艺术化与产业化，为把文化转化为旅游商品和旅游产品提供了更为广阔的空间。随着创意文化产业的规模化和常态化，旅游体验也会"日常化"。旅游地为顺应旅游者的个性化、体验化的旅游需求和现代旅游业发展的趋势，促进旅游业深度发展，提高在区域旅游中的竞争力，利用文化创意产业的高渗透性、高增值性和高融合性，通过人的创造力打破有限资源的瓶颈约束，充分运用文化、艺术、高科技等创意化的理念和技术手段，设计创意性的产品，开展创意性营销。

三、关于"十二五"期间旅游业发展的对策

（一）对旅游业的再定位

随着国民收入的提高和综合国力的增强，中国旅游业的地位可谓突飞猛进，已经成长为国民经济的重要产业。无论是产业规模、产业体系、产业需求，还是产业优势、产业地位抑或产业性质，均与10年前不可同日而语。但是，由于旅游业的非均衡发展特征，我们也不得不看到，在很多地区，乃至国家层面，旅游业还仅仅属于一个"补充性产业"或"替代性产业"，有它行，无它也行，从思想认识到资源投入，还远没有上升到国民经济的战略性支柱产业地位，还没有上升为国家和地方"软实力"的重要组成部分。笔者认为，我们应当认真谋划好旅游业"十二五"规划与战略，抓住时代调整转型的有利时机，乘势而上，实现从"从属产业"向"主流产业"的战略性转变。应该大力倡导旅游业是消费主导下的"内需产业"，是创造财富的产业的社会氛围，树立旅游业是服务业龙头和国民经济重要支柱的信念，建立旅游业是重要的民生产业的理念，使旅游业在成为支柱产业的同时，进入战略性、公益性和社会性基础产业的行列，那么，旅游业的发展地位就会得到异乎寻常的提升。

（二）高标准制定高实施度的旅游业发展规划

从全国范围看，要高标准编制"十二五"城市旅游专项规划，从参与世界旅游竞争的高度，规划重点旅游城市和新兴旅游城市，提出差异化竞争方向，指导地方发展。利用城市郊区和城市"退二进三"腾出的核心区，丰富旅游产品内容。以城市为中心重新构筑中国旅游市场格局，编制纵横交错、主题鲜明的旅游产品线路组合。利用旅游业的带动效应，积极推动休闲娱乐业、商贸服务业、交通运输业、餐饮服务业等与旅游业直接相关的服务业的振兴；也要充分利用旅游业对商务经济的贡献，积极推动会展业、信息业等生产性服务业的发展。

（三）开发市场和社会有效需求的新型旅游产品

充分利用好下山移民、生态移民等有利时机，抓住机会主导农村的土地利用结构、农民收入结构、农业产业结构的调整；结合国家三农资金的投入，吸引社会资本进入旅游农业；推动高端度假业的发展，规范发展高尔夫、温泉、山地、湿地等度假旅游产品建设；推动旅游村落和旅游特色乡镇建设；开发低碳旅游产品；开发创意性旅游产品。

（四）促进市场主导型旅游业健康发展

推动政府在制度设计与安排上的改进，由政府主导向市场主导发展转变。政府营造环境，不断开放旅游市场，维护正义和自由竞争，为企业创造和维持一个被明显理解、透明的政策系统，充分鼓励竞争和缔约自由，加速旅游产业的市场化进程，推动中国旅游产业转型升级。

---

① 这篇文章是根据作者2010年3月10日的一次演讲内容整理而成。本文引用了较多的报刊资料数据，因是演讲稿，故没有一一列明出处，特此说明，并向相关作者致歉。感谢浙江旅游职业学院池静讲师对本文的贡献。

休闲文化与休闲规划

文/魏小安 姜波

【摘　要】 休闲文化指引休闲规划，休闲规划创造休闲文化。休闲文化与休闲规划息息相关，这里面即包括当代大众文化也包含深层延绵的传统文化。如何使二者得到高度的契合，我们需系统的认识休闲文化与休闲规划的本质以及与中国现代社会相适应的发展需求。

【关键词】 休闲文化；文化休闲；休闲规划；以人为本

近年来，休闲成为一种时尚。作为一个词汇，覆盖了社会的各个方面；作为一种现象，已经全面进入了生活。休闲文化是一种生活方式、一种生活态度，融入生活的每个片段中。在发展中，各类休闲资源开发，休闲项目建设，休闲度假区启动，对休闲规划的需求也越来越强烈。何谓休闲，简而言之，闲是可自由支配的时间，休是消磨自由时间的方式，休闲就是对自由时间的多样化安排。从时间维度上，有小闲，主要是指八小时之外的闲暇，即日常休闲，是一天中的三分之一；有中闲，主要是周末，是一周中的三分之一；有大闲，主要是法定假日和带薪假期，是一年中的三分之一。从空间维度上，家庭休闲是休闲空间的基础，社区休闲是休闲空间的放大，城市休闲体系是休闲空间的延伸，环城市休闲游憩带是休闲空间的拓展，乡村休闲是休闲空间的发散，异地休闲是休闲空间的辐射。最后是互为空间，形成完整的网络体系。从产品维度上，则包括城市休闲体系、乡村休闲体系、度假体系、观光休闲产品、文化休闲产品、商务休闲产品、特种休闲产品等等。总之，我们面临着生活中三分之一的新空间，相应的三分之一的资源应该为之倾斜，三分之一的人员应该为之配置，三分之一的精力应该为之投入。

休闲文化体现了人类的休闲智慧和休闲价值观以及由此创造的艺术形式。同时休闲文化的创造使休闲产业实现新型发展。这也是休闲规划的作用所在。现代主义规划与建筑大师勒·柯布西耶在半个世纪前提出了"光明城市"的理论，描绘出未来生活的高级状态。不仅仅是城市形态，还是一种新的休闲文化体验，一系列新兴产业应运而生，新的社会形态、生活方式蕴含其中。人们徜徉在连续的绿地中，把公园抛向天空作有效的屋顶花园。充满阳光的现代化生活环境，随处可见的游憩空间。一个建筑便是一座城市，社区大环境汇合成一个动态的、和谐的有机统一体，多元化、多层次的借景空间和空间功能的延展，人们的生活时时休闲，处处休闲，人文精神在此升华，融于社会的整体脉络中，人们的生活方式与生活环境达到了高度的契合。可以看出规划只有对应相应的生活方式才能实现理想的生活。休闲规划亦是如此，并更应考虑大众的现代意识、现代心理、现代知识形态、现代行为方式。从一定意义来说，休闲文化指引休闲规划，休闲规划创造休闲文化。休闲文化与休闲规划息息相关，这里面即包括当代大众文化也包含深层延绵的传统文化。如何使二者得到高度的契合，我们需系统的认识休闲文化与休闲规划的本质以及与中国现代社会相适应的发展需求。

作者简介： **魏小安**　全国休闲标准化技术委员会主任；中国旅游协会休闲度假分会秘书长
　　　　　姜　波　北京同和时代旅游规划设计院副院长

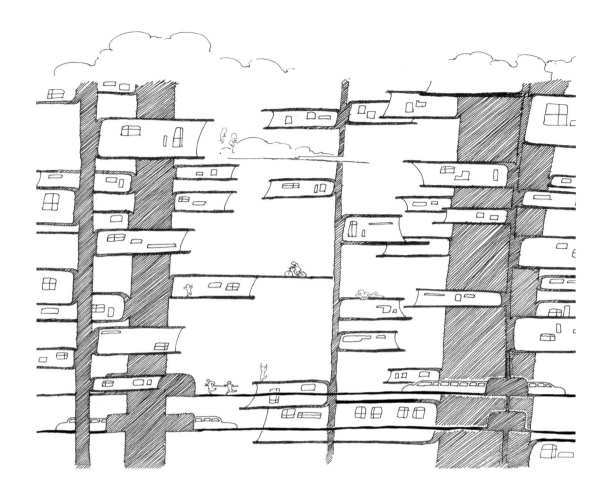

一、休闲文化

中国的休闲热潮越演越烈，处于正弦曲线由低点向高点爬升的阶段，似乎所有事情和休闲都能画上等号。甚至一定意义上称休闲是个筐，什么都可以往里边装。一个领带的生产商居然要生产休闲领带，休闲就不应该戴领带，所以把领带和休闲挂起钩来显然是错误的，可是这反映了人们共同提高生活质量的愿望，这里有两方面的关系，即文化休闲与休闲文化。

从本质上来说，休闲是一种文化现象，看起来是各种各样的活动所构成的，本质上是一种精神追求，虽然有各种活动作为载体，以各种物质条件作为支撑，但是人在这个过程之中追求的是个性的张扬，是自我的实现，所以这样的本质就是一种文化。个人休闲活动是个别活动，但从整个国家整个世界来看，就是普遍性的社会现象，更何况中国将要面对的是一个13亿人的休闲，如果13亿人的休闲消费都启动了，休闲活动不多样性也不可能。休闲是个性化的选择，在这个过程中会有一系列鱼龙混杂的行为，这些行为的发生是正常的，不必大惊小怪，不能因为有不足的地方，就否定这样的发展潮流。另一方面，不能把休闲作为文化现象挂在天上，而是要让它落到地上，变成老百姓的日常生活，这才是根本所在。因此休闲需要文化的支撑，目前，无论是世界各国，还是国内培育起来的休闲企业，成功者都具有强烈的文化支撑，都注入了一系列的文化内容，形成了自己的文化，这也使得休闲作为一种文化追求得以实现。

伴随着经济全球化和文化全球化，休闲也自然全球化，在这个过程中，一般是强势文化压倒弱势文化，现在的强势文化依然是欧美文化，特别是在休闲文化方面，已经形成了主导性潮流。这种主导性潮流迅速向发展中国家扩充，中国接受这些也是自然的，这样就形成了一个敏感的问题，休闲文化的侵入。侵入这个词，有一定的贬义，有一定的是非评价或者道德评价，可是不用这个词不足以描述这种现象，可以说国际休闲文化大规模进入中国，而且迅速形成了主流文化，但是下一步肯定会有转变，主流文化进入以后要和中国的传统文化结合，形成交融状态。传统文化毕竟是在本土生根的，要用我们的根来对应外来的东西，在对应的过程之中嫁接并变种，所以这个融合是必然的。我们不必对休闲文化的侵入感到惶恐，认为丧失了立足之地，持有这样的心态说到底还是弱势民族的弱势心理，之所以很多人还在担忧这些问题，说明传统文化虽然有相应的根基，但是对应现代社会的现代休闲需求，还需进行根本性改造，如果这个改造完不成，那么传统智慧只会局限于书

印度尼西亚巴厘岛 *Hyatt* 度假酒店

本上,而不会真正落实在现实生活中。因此从文化的角度来解读,我们对传统休闲文化需要反思。

传统的休闲文化可分为三大类:

第一类　贵族式的休闲文化

主要体现的是宫廷深院,历史上数不胜数,留下了很多优美的故事和诗篇,但却是少数人的,这种贵族化的休闲文化传统在中国已经断代。欧洲虽然也经历了大革命,经历了工业化,一直经历到现代化,但是贵族化的文化传统一直保留到现在,而且成为西方休闲文化的高端。

第二类　士大夫的休闲文化

主要体现的是琴棋书画,这样的休闲文化历史上还有所遗存,但是从中华人民共和国开国以来,运动不断,破"四旧"不断,实际上这一块也已经基本断代,在一些老人家身上还能找到一些士大夫休闲的影子。新一代人的成长环境是市场经济,不需要琴棋书画,这才是一种真正的危机。因为士大夫的休闲文化代表了社会的一种文化基础,代表了一种优雅,代表了一种品味。不过也不必悲观,到后工业化时代,会有一个文化复兴运动,那个时候琴棋书画又会重新起来,大家重新来体味传统的世代休闲文化。

第三类　市井的休闲文化

打麻将、斗蛐蛐、听评书这一套东西,这是老百姓的文化,具有强大的生命力,因为这是本土生根生长的文化,一直到现在还在延续,只不过表现形式有所变化。

所以对传统的中国休闲文化进行反思,不能只从思想角度加以论述,要从生活形态来看。目前,在中国的休闲文化传统之上,在西方强烈的休闲文化冲击之下,一套新型的休闲文化正在中国大批产生,看起来不土不洋,不伦不类,甚至可以说是不三不四,但恰恰在这里边孕育了将来的发展。也正是这样一个新型的休闲文化把休闲与文化从本质上结合了起来,也为休闲规划提出了新的要求。

二、文化休闲

(一)文化在休闲中的意义

从休闲生活来看,进一步从休闲产业发展的角度来看,文化在里边起着不可替代的作用。

首先,文化是休闲的指向。作为消费者,作为休闲者,作为活动参与者,追求的本质是文化。

其次，文化是休闲的灵魂。新兴的休闲产业培育必须以文化作为指导。

第三，文化是休闲的主体。休闲可以分成很多类，每一类里边都有文化内容。中国旅游产业多年的发展，实际是借助传统文化资源形成主体吸引力，也形成了根本的差异性，形成了核心竞争力。

（二）文化休闲的主体

文化休闲，可分很多种类，目前比较集中体现的是城市中央休闲区。休闲是个性化选择，同时又是一种公众性选择，需要公共空间。从中国的传统来说，没有公众休闲可言，基本体现的都是私人休闲。中国历史上历来都是搞一个围墙圈起来，被称为完美的居住条件与生活环境的苏州园林，本质上是私家园林，集传统造园艺术之大成的颐和园是皇家园林，都不是公共区域。我们的发展从农业社会一步进入现代社会，缺乏过渡，这个过渡就是市民社会的形成，市民社会的形成需要公共空间，才能够培育公共文化。所以现在从理念上需要调整的一个最大问题是要创造新型公共空间，推出一个新的概念叫第三空间，即除了生活空间和工作空间之外，第三空间是休闲空间，但是这个空间不完全是私人空间，里边更需要的是公共空间。正是在这个意义上，城市休闲体系的营造对于中国城市化发展，对于现代市民社会的新兴需求具有历史性意义。但是往往我们在构造一些休闲项目的时候追求私密性，追求高端，这是国际上的一些做法，现在更需要考虑的是城市的公共空间，要满足大众的休闲活动，所以要形成体系化建设，还可以继续往下细分，甚至可以划分几百个项目，柯布西耶的"光明城市"在一定程度上也是在更多地强调城市公共空间，满足大众休闲需求。

（三）文化休闲内容

文化休闲内容大体上可以分为两类，一类是以文化为主题的，也是以文化为主体的休闲场所和休闲活动，例如影视、博物馆、收藏市场等，这是市场上体现比较强烈比较充分的。再进一步是泛文化的概念，各种各样的休闲活动都有相应的文化内容，有相应的文化符号，构成了一个泛文化的概念，比如自然生态旅游，包括温泉等等，都是现在比较普遍的休闲活动，实际上是以自然为依托进行的身心愉悦的休闲活动。大众选择休闲从根本上是心理需求也是文化需求，表现得非常广泛，这种广泛需求也需要从各个方面来加以认识。比如乡村休闲本质也是文化，在英国、法国，包括北欧的一些国家，休闲第一是乡村环境，第二是乡村物产，但是更重要的是乡村生活所形成的文化体验，这种文化体验给游客的印象远远胜过一些著名的景区景点，人们对深层次的文化体验、有趣的见闻印象颇为深刻，景区景点反而记不住了，这就是一种本质性追求。也正是在这一过程之中，人感觉自己的生命得以实现，生活质量得以提升。所以说文化是所有休闲的本体。只不过体现在项目上时而为一种特殊符号，时而为一种普及形式，表现方式多种。

（四）文化休闲的特点

一是发展平稳。文化休闲一般不会在短时间内大起大落，比如博物馆的运营，图书馆的发展，都是稳中有升，没有跌宕起伏的局面，这是文化休闲的一个基本特点，也正是这个特点区别于其他的休闲方式。

二是追求特色。文化休闲对特色的要求超过了一切，比如主题公园，常被定位成观光性项目，就现在及未来发展趋势来看，主题公园是最集中体现文化休闲的项目，主题就是文化主题，之所以这么多年国内这么多主题公园，普遍感觉不太成功，恰恰是在文化特色上成功的不多。

三是选择多样。作为个体的选择，多样是必然的，也是不断创新的。

四是集群性个性化。一个领域可以区分出一百种多样性，但是对应几亿人的市场，每一个所谓个性化都是集群化，绝对的个性化极少，由此构成市场的一个重要特点。这就要求产品分出档次，市场分出层次，才能对应比较大的市场，这样的企业就可以做活。对应集群性个性化，同样也可以达到规范化、标准化和规模化。有人认为休闲的产业化发展是对休闲个性化的一种侵蚀，是对休闲文化的一种破坏，这种观点似是而非。这么大的国家，这么多人的普遍性需求，首先要研究普遍性，所以没有产业化发展，没有集群化发展，就不可能对应。在对应的过程之中，要研究规模化、标准化和个性化之间的关系，是集群式的个性化，这也是中国最突出的一个特点。

（五）培育休闲文化

一是社会观念革命。为什么要用革命这个词呢？在休闲概念上，现在社会只是基本认同，但是从本质上需要深化认同，比如说孩子星期天出去玩，家长马上就皱眉头，为什么不好好读书，考大学的任务压在你的头上。这是什么道理，孩子连玩的权利都没有了吗？但是在我们这种情况之下就是剥夺了孩子的权利。再比如我们往往把工作和休闲混杂在一起，表扬模范人物就是天天加班加点，不顾家庭生活，不顾自己的身体，把常人塑造成非人。但是实际上的社会现象是，休息的时候像工作，工作的时候像休息，很不人性化。所以培育整个社会的休闲文化，首先需要一个社会观念的全面革命。

二是以市场日常休闲为基础。这恰恰是中国休闲发展最薄弱的环节，日常生活的休闲质量，关乎生活的总体质量。日常休闲的丰富性，决定生活的趣味性。

三是培育公共休闲文化。中国缺乏一个系统的市民社会成长过程，也就缺乏公民精神，缺乏公共精神，在休闲的方面也同样体现出来。比如老说中国人素质低，随地吐痰，实际上这不完全是素质问题，恰恰是几千年来没有培育公共文化的表现，所以现在这个时代，应该是培育公共文化的时代。

四是培育社会休闲氛围。需要进一步培育社会的休闲氛围，想玩就玩，大众娱乐的时代已经来临，譬如超女快男想唱就唱一样，实际上掀起了一种精神，这就是在市场经济条件下的新型弘扬精神，而且短短的时间内，居然达到这么一个程度，反应了一个新时代新条件之下产生的新东西，在休闲方面也需要这样一种培育。

五是形成休闲文化的自觉。就是要把外来的休闲文化和中国的休闲文化结合在一起，培育出新型的休闲文化，而且中国这么多人的聪明才智和创新精神，将来培育出的中国休闲文化在世界上也会独树一帜，可以把文化休闲和休闲文化更好的结合在一起，以促进整个休闲产业的发展。

三、休闲规划

休闲规划应当关注人民大众的现实生活、闲暇生活、休闲行为。而我们的生活方式和行为方式受到内在的文化指引，内在的文化指令像隐形之手一样，影响着我们的意识。我们都受制于文化地图为我们标示的方向。休闲文化是人类更本质的需求，休闲规划的目的是在满足这一需求的基础上创造更好的休闲内容、休闲方式，并引导休闲行为。

（一）制定休闲规划的意义

1. 休闲规划的作用

第一，好的发展要有一个好的规划，这是从实践中总结出来的。实践经验的总结，在一定意义上要胜过理论的指导。但目前我们的实践还不足，所以要更多地借鉴国外的经验，同时总结新鲜的活生生的经验。

第二，要通过好的休闲规划来指导发展。在目前情况之下，如果形成一些好的模式，大家就会迅速克隆，这种克隆本身也是一个提高的过程。虽然我们反对克隆，但是在中国，这是难以避免的，从来都是一风起，然后又是一风吹，最后是一刀切。这样一个发展模式短期内改变不了，但是如果能够形成好的模式，在风潮的扩散和发展中，水平不断提高，也可能创造出一种特殊的发展模式。

第三，也是最重要的，就是引导市场。有了好的项目，而且在市场上得到显著的成功，大家就会来学习，学到一定程度，先行者就会转向，就会提升另一个台阶，从而使整个休闲产业在引导的过程中不断发展。

2. 休闲规划的意义

休闲规划的意义主要是四个方面。第一，统一认识。第二，凝聚力量。第三，树立形象。第四，拉动发展。现在对休闲的认识普遍不清楚，很少把它当作战略性支柱产业来培育，很多地方还认为是吃喝玩乐的事，不如抓工业来得实惠，不如抓商业来得迅速，不如抓房地产来得政绩突出，这是普遍情况。没有认识的统一，也没有力量的凝聚，发展就存在很多障碍。之所以我们动辄强调统一认识，也是体制决定的。在另外一种体制之下，所有的认识都在辩论中完成了，最终也是统一认识。

3. 休闲规划的要求

第一，科学性，要符合休闲需求的规律，符合休闲产业发展的规律，符合总体的成长规律。第二，前瞻性，规划是立足现状、规划未来，必须保证前瞻性。我们总习惯说这样的话，"五十年不落后"、"三十年不落后"，实际上很多规划在制定的过程中已经落后了，这种落后的根本在于思路的落后和理念的落后。第三，可行性，一定要便于操作。最后是市场性，整个休闲规划的基本要求就是一以贯之的市场性，要从市场的需求出发，最后落实到满足市场需求。如果违背了这些，规划就立不住。

（二）休闲规划的特点

第一，大规划定义大产业。休闲是一个非常大的概念，势必会培育出一个极大的产业。这就要求休闲的规划必须是大规划，而不能是一个简单的项目规划。

第二，新思路定义新发展。现在新的需求也处在新的发展过程之中，所以必须形成新的思路，这个新的思路要和大产业紧密联系。

第三，产品细分对应市场分层。休闲不能笼笼统统地说，有富人的休闲，有穷人的休闲；有老百姓的休闲，有知识分子的休闲；各种各样的休闲都有，每一种休闲都有独特性要求。虽然需求刚刚兴起，但是市场分层已经开始出现，这样就要求对休闲产品进行细分化培育。如果笼笼统统，漫天撒网，认为所有的客人都是我的客人，肯定是错的，而且实践证明，这样的思路走不下去。

第四，注重细节对应悠闲形式。休闲和观光不同，观光是走马观花急匆匆，很多细节客人可以感受到，但是不会关注到。而休闲则不同，休闲是抱着悠闲的心态，对细节的关注超过任何时候。注重细节的要求在规划里也必须全面体现。

第五，体系规划对应全面需求。需求是全面性的，所以休闲规划必须是体系规划。这两者之间对应，才能成为一个真正具有科学性和前瞻性的规划。

第六，特色规划减缓同质化问题。同质化是休闲发展的一个弱点，总体来看，休闲产品都具有同质性。之所以各类休闲产品一哄而起，也正是因为同质化的特点使它们相应联系起来。从根本上来说，必须要构造特色的规划，否则走遍全国都一样，走遍世界都一样，休闲就变成一种文化比较低的、水平比较差的休闲，这样的休闲是不可能持续的，也不能满足市场需求和大众的心理需求。

（三）休闲规划的总体框架

休闲规划大体上分为三类

1. 区域规划

就是休闲目的地的规划，从规划深度来说，这样的规划一般也叫做总体规划。大体上涉及三种类型。

第一种类型，休闲城市规划。包括城市中心休闲区，包括城市的一些休闲项目和整个城市休闲体系。中国目前可以称得上休闲城市的有十几个，比如杭州、厦门、珠海、三亚、桂林、青岛等等，这些城市的共同点在于，第一，基本上是沿海城市。第二，在休闲的概念中接受的主要是西方文化，也就是说，在休闲城市的建设上，对传统资源利用不足，确实需要构造一批新的休闲城市。这一批休闲城市应该更深入挖掘传统文化，只是在表现形式上需要另外研究。

第二种类型，度假区规划。度假区规划在中国已经有18年的历史，积累了一些经验，也有很多教训，但是有一个很突出的问题，偏重于项目，休闲目的地的概念不够突出。

第三种是生态旅游区的规划，大体上也可以视为休闲总体规划。

再往下分，还有一些类型。这一类规划要求有总体思路和总体形象，明确整个休闲产业在城市和目的地发展中的位置，才能说清楚总体思路。

2. 产业规划

总体来说，休闲产业规划是复合型的规划。其中涉及几类，休闲产品规划、休闲运营规划、休闲工业规划、休闲房地产规划和城市休闲体系。其中以休闲工业加以具体说明，按理来说，休闲目的地和休闲产业提供的就是复合型的产品，为什么提出休闲工业的概念？这就是说，可以把目前的市场需求视为一种终极需求，同时为需求服务的运营体系又产生了中间需求，这就需要另外一个体系为之配套，这个体系是工业体系。在发展的过程中已经产生了休闲服装、休闲食品、各类休闲用品，再把各类高新科技引入休闲产业体系，形成休闲装备工业，总体上构成了一个新的休闲工业体系。与一些传统工业体系相比，这个工业体系的替代作用更强，所以可以专门提出来。一个休闲产业规划必须把这些问题研究透彻。

3. 项目规划

休闲项目规划涉及观光、城郊、度假、商务、运动、文化、特种七种类型，每一种类型都可以衍生出很多很多的产品，都可以形成很多具体项目。具体项目的规划就要充分体现可操作性，体现从休闲理念到项目操作、从天上到地上的过程。总体来看，休闲产业规划基本还没有开始，休闲目的地规划可以说现在刚刚开始；在休闲项目规划方面，已经积累了很多经验，但是缺乏理论总结，缺乏提升。

总的框架是这三个方面，这三个方面都需要摸索。我们积累了这么多年的城市建设经验，积累了这么多年的旅游发展经验，在这个过程中一定会创造出更好的休闲规划和项目，也会积累很多经验。

（四）休闲规划的主要思路

1. 情景规划

在一般意义上，情景规划是进行商业分析的一种工具，首先列举出并分析商业活动下一步可能发生的情况，为每种情况各建立一个模型，分别得出在该情况发生时，进一步会发生什么样的情况，需要制定什么样的方案，然后进行多模型多方案的比较，再得出相应的判断。情景分析作为工具，可以并已经应用到各行各业。在实践中，借助情景规划方法，把抽象的、一般的、将来的和可能的等等这些直接感受不到的情况，转化为具体的、特殊的、当下的和确定的等直接感受得到的情况。广义地说，对于任何直接感受成本过大的情况，情景规划降低了人感受它的成本。当今国际上，情景规划不是从原则和信念出发，而是强调从对商业实际的敏捷和切身感受出发。简单地说就像一场游戏，在种种因素不断变化的条件下，游戏的局中人进行互动，这样就使情景规划作为商业战略分析的作用意义越来越突出。

休闲情景规划主要体现在四个方面：内容规划、功能规划、空间规划、时间规划。现在的规划师设计师最看重的是空间规划，最重视的是视觉感受，实际上有失偏颇。休闲规划首先要确定休闲的内容，更多地从市场、从大众的生活方式、休闲文化的角度出发。现在很多内容基本上是互相抄袭，从国外抄到国内，从发达地区抄到不发达地区。究竟哪个项目更适合，是需要深入研究的。比如海滨休闲地，很多海上运动的花样大家已经看够了，山里边也是这样，花样重复，让人没有新鲜感。最适合这个地方的内容是哪些，这才是核心。在内容的基础上确定每一个内容的功能，这样才能做好整体的空间布局。其中有一个由此及彼由表及里的过程，但是我们恰恰把这个过程颠倒了。最后是时间规划，休闲的一个突出特点是时间比较集中，如果按照高峰期来配置资源，势必会造成浪费，而且企业的经营效益得不到保障，这样就需要研究时间规划，就是休闲的项目、休闲的产业，包括休闲目的地，一年能接待多长时间。基本的规律是，如果一年只有三个月的接待时间，就是小打小闹，肯定亏损；如果能够有六个月，大体上就可以盈利，可以保本；超过六个月肯定盈利。从这个角度来说，如果不把时间规划做到位，很多事情就是水中月、镜中花，只是说一说而已。所以，情景规划是休闲规划的基本思路。

2. 体验设计

随着体验经济的提出，体验设计的概念也顺理成章地提出来了，而且已经使用得非常普遍，主要体现在工业设计领域。什么是体验设计呢？谢佐夫在《体验设计》中的定义是：体验设计是将消费者的参与融入设计中，是企业把服务作为舞台，产品作为道具，环境作为布景，使消费者在商业环境过程中感受到美好的体验过程。体验设计以消费者的参与为前提，以消费体验为核心，这几层意思恰恰对应休闲规划中的设计，最终使消费者在活动中感受到美好的体验。体验设计是不断发展的一种成长方式，是一个动态演进的关联系统化成长方式，在这个崭新的实战领域内，最需要的是富有创造激情和想象力的设计。

体验设计包括视觉设计、听觉设计、嗅觉设计、味觉设计、触觉设计、运动觉设计，最终评价指标是文化度、舒适度、方便度、满意度和幸福感。

(1) 从直接体验出发

就是从旅游者的切身体验出发，这里涉及几个要点：

第一，视觉设计。视觉设计是基本设计，是以观为主体，就是要研究景观。

空间景观丰富，但又要和谐统一，空间是人最直接的感受。自古就有记载人对空间的深刻认识，并且空间与时间是不能分隔的。宗白华先生在《中国诗画中所表现出的空间意识》一文中就有对空间的论述"中国人的宇宙概念本与庐舍有关，宇是屋宇，宙是由宇中出入往来"从屋宇得到空间的概念。空间、时间合成宇宙，春夏秋冬配合着东南西北，从容而有节奏的悠闲生活。空间的视觉性要与时间、生活方式紧密结合。

文化景观是通过多样化的元素来吸引人的，体现的方式很多，什么都可以被视为文化景观。比如很多村子里，标语口号很多，这些都是文化景观，但却是有破坏效果的文化景观。从正面来说，有些城市在建筑、景观方面体现地域性特色，游客就会觉得这个城市有味道。

环境景观首先是对环境的总体要求。一是自然环境协调，不一定只是绿，比如大漠景观，莽莽苍苍，也是协调。二是要注重细节。如果把细节做到位，一般的设计都会做好，如果做不好，再好的资源也会被破坏。比如广东的宝墨园，本身没有明显的特色，主题也并不明确，但是细节非常到位，环境景观极好，这样就使游客看后觉得是精品，靠细节弥补了主题的不足。

在整个游览过程中，游客会形成一个视线走廊，视觉设计要使游客保持一个美好的视线感觉，有的地方需要贯通，有的地方需要遮蔽，总体来说应该是形断神不断，作用是通过视线走廊把各个景观连接起来。

第二，秀觉设计。就是以活动为中心的设计，形成秀场，秀人，秀觉，使大家投入其中。一般来说，体验设计必须要有活动，没有活动就会死气沉沉。在日常生活中有这样的体验，一片草原，如果没有牛、马、羊，就让人觉得没有生气，如果有的话，就觉得让人产生多维度的联想。从设计的角度，要研究这些，一般有大活动、小活动、表演性活动和参与性活动四类。搞大活动，比如具有地域文化或节庆色彩的主题性活动。小活动，比如做游艺。表演性活动比较好组织，不过表演方式容易单一，广场式表演应该是最重要的方式，在国外也经常可以看到，尤其是旅游城市，只要有一个小广场，肯定有人表演，这样游客就觉得这个城市活了。参与性活动的主要对象是青少年和儿童，他们的顾忌很少，但是要想发动中年以上的参与，基本上没有可能性，有些地方搞参与性活动，设想很好，却经常冷场，大家都希望别人上去，自己当观众。中国人不像意大利人、巴西人，天然就有狂欢文化。在活动设计方面，必须研究我国的特有的文化和大众心理特点，研究我国特有的东西，才能把活动设计出来。

第三，听觉设计。公共休闲区最大的声音往往是人的声音，研究声音设计，从某种意义上讲，也是研究如何反噪音。这包括两个方面。一为背景声音。有些休闲区域的背景音乐，如果达到了吵人的程度，就不叫背景音乐了。有些饭店的背景音乐，一成不变，如果客人只住一天，也许不会烦，但是如果天天这样，就一定会烦，而又找不出烦的原因来。同样，景区的背景音乐也需要研究，严格地说，应该是和主题紧密联系在一起的，和故事紧密联系在一起的，放什么样的背景音乐，在什么样的区域播多长时间，都需要研究。二为表演性的声音，比如这个地方有点儿鸟叫，那个地方有林涛吼。

第四，味觉设计。需要运用多种手段，达到多种效果，尤其主题公园有许多特殊的项目。比如客人要到这个地方寻求刺激，就要制造出嗅觉的效果。味道的设计要以清为目的，首先要清新，进一步要清香，尤其一些人群比较集中的地方，达到生理与心理的共同需求。可以用一些现代科技手段，将味觉与听觉结合起来，共同达到一种清新享受的全方位体验。

第五，触觉设计。人都有触觉，触觉设计以细为根本。人在体验的过程中，第一是脚的触觉，第二是手的触觉，第三是全身心的触觉。要求一是触觉深入。触觉本身会引导深入体验。比如有的雕像，大家都去摸，时间长了，光滑细腻，触感非常好。二是触摸兴奋。除了触觉之外，再加上其他的文化内涵，摸起来就觉得很兴奋。意大利的一个地方有一个雕塑，张着大口，传说要是说谎话，这个口就会把你咬住，不说谎话就没事，游客都会进去体验。三是触摸特色。只能看不能摸不行，要产生触觉发生的动作，让人产生不同的感觉，比如南非有一个黄金的旅游景点，谁要能一只手拿起一块黄金来，就可以把它拿走，这就是触摸特色，至少提供了一个机会，让大家摸摸，摸就是一个体验。

总体而言，休闲体验设计要以人为本，达到眼耳鼻舌身心神的全面体验。

(2) 从功能出发

从功能出发和从体验出发是紧密结合在一起的。

从功能出发，基本是吃、住、行、游、购、娱六要素。设计时也要考虑六要素之间的相关关系，主要是怎么达到优化配置。核心问题是闲的安排，就是一切围绕着闲的安排，进行优化配置，考虑在什么地方安排餐饮、购物、娱乐，把从体验出发的几个设计融到一起，因为每一个功能设计都涉及几个方面的体验问题。所以要把两条线结合起来，完成完整的体验设计。

总之，旅游情景规划与体验设计，最终的目标是两个方面：

第一，从消费者的体验出发，要达到全身心的感受；从规划设计者出发，要达到全方位的创造。通过我们全方位的创造，使消费者的体验达到全身心的感受。

第二，创新需要创意，创意需要追求差异，差异产生特色，特色产生吸引力，吸引力提升竞争力。做休闲规划，这几句话是根本，这里不只是差异和特色的问题，还涉及指导性原则，即最终还是要以人为本。从道理上说很简单，有什么体验，有什么需求，就怎么做。很多东西从专家的眼光来说觉得很好，但是对于旅游者来说觉得不好，专家比较集中在资源、特色，可是旅游者更多的眼光是集中在体验上。所以，一个地方哪怕资源一般，如果真能形成全身心的良好体验，就是好地方。除了追求特殊体验，比如说追求探险，不要求环境舒适，一般来说，必须在情景规划和体验设计这方面下大的工夫，这些工夫下到位了，很多东西就可以到位了。不管资源条件如何，从产品上做成精品，而精品主要是体验。精品做出来，在市场上的吸引力自然就有了，有了竞争力，分析下一步可能产生的变化，基本上也可把握其中的风险，进一步研究投资回报也在其中了。

四、创造新型的休闲文化

以人为本是出发点，从目标和结果的角度来认识休闲，是从以人为本到以乐为本。可以用一个主题词"玩"。"玩"这个词在中文里很有意思，它源于人们对玉石的玩赏，左边的"王"字旁通假于"玉"，右边是"元"，中国人对玩的概念从玩玉开始，而且玩玉培育了一种手的感觉，培育了精致的鉴赏，所以中国人越玩越小，越玩越精致，一直发展到微雕。多数中国人的玩都是内敛性的，而西方作为游牧民族，他们的玩是发散式的，这大概是东西方民族的一个根本区别，但不管玩的形式如何区别，玩的本质是一样的。通过玩的过程创造新型休闲文化。

（一）为什么玩

为什么玩是休闲娱乐对于个人的作用。消磨时间、愉悦心情、开拓眼界、增加技能、发展自我、提高素质等等，可以说都是出于本能。客观来说，这一系列作用最终会达到一个同样

北京比如世界 （盛永利 摄）

的目的，即在松弛中的创造。科学史上有一系列的故事，科学家在头脑最紧张的时候往往没有创造，顶不住了，松弛一下，往往这个时候火花就出来了，为什么玩呢？各有各的目的，有些人就是为了高兴，这就够了。

（二）玩什么

玩什么是休闲对于家庭的作用。第一是粘合关系，第二是促进亲情，第三是对子女有一种养成作用，第四是玩的发现。如果一家人能够在一起玩，这样的家庭一定是个好家庭，我们习惯于在发达国家看到这样的场景。而在中国，除了孩子很小的时候，爸爸妈妈带孩子逛逛公园，孩子只要一大了，这一家人就玩不到一块儿了，这是社会不够进步，文化不够发达的表现。

（三）和谁玩

和谁玩是休闲娱乐对于社区的作用。从整个社会发展来说，要构建和谐社区，就要培育兴趣的共同体，包括企业以及各类机构，甚至包括官场，这都非常重要。实际上提供了一个便利的玩的方式，构建最简单的玩的伙伴，促进邻里和睦，这样一个过程也同样是构建和谐社会的必要的组成部分。

（四）玩大了

玩大了是探讨休闲娱乐对于国家的作用，我们强调以人为本，休闲娱乐就是以人为本的兴奋点，是五个统筹的交汇点，同时也是国际化的示范点。哪个地方的休闲娱乐产业发展的比较好，哪个地方的国际化程度一定高。因为玩需要一种开放性的心态，如果没有开放的心态很难玩起来，就更难发展起来。最终休闲娱乐会改变国家的形象。现在中国的国际形象非常复杂，一种很低，一种很高，我们总是希望它高，但是尤其是在西方发达国家还有一个普遍感觉，觉得中国人硬，经常评价说中国人原来是政治动物，现在是经济动物，就像当年评价日本人是经济动物一样，这说明中国人没有生活形象，因为没有玩，或者缺少玩。如果一个国家能够有休闲娱乐的欢乐气氛，这个国家给人的感觉就不同，就会让人好接受。包括文化软实力输出，不只是五千年泱泱大国的文化，如果光是板着脸教训人，构不成软实力，但是如果通过休闲方式，软实力输出才能真正做到位。

各个地方的旅游宣传促销也一样，现在走到哪儿一说就是有什么名山大川，有什么名胜古迹，有多少历史名人，很少听到地方在讲玩。年轻人要什么？在旅游的过程中谁也不追求系统的知识，更不接受系统传承，在旅游的过程中，他们希望在休闲娱乐的过程中自然而然受到气氛感染，如果我们总讲这一套，怎么和青年市场对应？所以以后要多讲一讲闲，多讲一讲快乐。

（五）好玩、玩好

从发展的角度来说，首先要研究好玩，要构造好玩的产品，培育好玩的气氛，因为对于休闲娱乐社会认知就是两种基本分类：一种叫做积极休闲，另一种叫做消极休闲。积极休闲就是主动性的休闲，个体在这个过程中成长。消极休闲是被动的休闲，或者是没有意义的纯粹消磨时间，比如喝酒、睡懒觉、打麻将，这就是所谓闲极无聊的闲，所以在这种情况之下，一定要构造出好玩的东西。好玩就是在倡导一种积极，这里不只是说旅游，包括各种各样的休闲娱乐方式。就全世界来看，美国人玩的天性最强，美国人玩的本事也最大，任何一个人都有若干技能，比如橄榄球、帆板、打棒球等，中国人有几个人有？我们越是好学生，越是好干部，越没有玩的技能，因为总是认为玩物丧志，所以就不能玩，这是多年来的传统文化不足。从这个角度来说，我们要培育好玩的东西，尤其是做休闲规划，首先自己要学会玩，如果我们玩的水平很高了，就能够理解玩的心态，就知道怎么去促进玩。有了好玩的东西，还要玩好。

（六）快乐经济

在好玩和玩好的基础上，要构建一个快乐经济，在于光远先生首倡的基础上，归纳起来十句话：

第一，适应玩的心态。对于我们整个社会来说需要调整，对于休闲的决策者和经营者来说更需要调整，要适应玩的心态。

第二，研究玩的学问。玩这里边学问太大了，但是我们基本上没有把它当做学问来看，总是把它当成雕虫小技，是不入流的，是不能研究的，这是大错特错。

第三，建设玩的项目。国内很多景区都很好看，但是就问一句话，好玩不好玩？如果看一个景区的目的就是拍几张照片，然后爬到山上累得一塌糊涂，接着就回来了，恐怕这样还是一个初级产品的概念，所以这里面要灌注玩的东西，要建设玩的项目。

第四，开拓玩的市场。这个市场是从小孩到老人的，小孩是职业性的玩家，等到退休之后又变成了职业性的玩家，我们在工作过程之中是半玩半工作，整个是这么一个过程。所以这个市场可以说涵盖了一切，涵盖了我们人生的各个阶段，涵盖了社会的各个层面。

第五，培育玩的氛围。这需要一个比较长的时间才能够建立起来。

第六，追求玩的艺术。包括每个人能不能掌握一些玩的技术，如果把这些东西培育出来了，整个社会的感觉就不同了。我们现在正处在工业化发展的中期，大家一天到晚谋发展，集中起来就是GDP，所以自然就造成了社会越来越紧张，也会形成越来越僵硬的状态，这不是好状态，调整中也需要研究玩的艺术。

第七，丰富玩的功能。要把玩的经济功能、社会功能、文化功能、精神功能、家庭功能、社区功能各个方面都发挥出来。

第八，创新玩的产品。我们现在还谈不上创新，是跟人家学都学不上，学不过来。但是，中国人有自己的文化传统，也会有一系列自己创新的玩的产品。

第九，创造玩的文化。希望再过多少年，玩的文化会变成社会的主流文化，大家见面就谈怎么玩，总比见面就谈搞阶级斗争要强吧，这就是天壤之别。所以玩的文化需要整个社会的变化，短期内是达不到的，但是长期来看一定会达到。

第十，谋求玩的财富。快乐经济里边蕴含着无数的财富，这也就意味着要培育一个新的产业体系，这样一个新的产业体系短期来说，会对我们走出经济低谷产生重大的作用，如果从长远来说，会对国家的发展、民生的福祉产生更大作用。

（七）玩的追求

玩不是个小事，我们确实应该把它提升到这样的层面来看，提升到这样的层面来做。多年以来的观光旅游是疲劳之旅，很少到一个地方能够真正放松下来，真正让人玩得高兴，也很少看到一个地方确实让大家玩的欢天喜地，类似迪斯尼这样的东西不是没有，但是少。希望各类景区、各个旅游城市尽可能增加玩的因素，并进而把玩的因素变成玩的要素，玩本身创造新的吸引力，创造新的竞争力，在这个平台上谋求新的发展。通过玩，要让我们的生活更有意义，这种意义首先是提高生活的质量，丰富生活的体验，使我们觉得生活更好玩；第二是让社会更加和谐；第三是使世界安定和平。以人为本不是虚的，而是具体的，以人为本就是以生活为本，以生活为本就是以质量为本，以质量为本就是要以乐为本。

参考文献：

[1] 于光远,马惠娣.于光远马惠娣十年对话——关于休闲学研究的基本问题.重庆:重庆大学出版社,2008.
[2] 勒·柯布西耶.明日之城市.北京:中国建筑工业出版社,2009.
[3] 詹和平.空间.南京:东南大学出版社, 2006.
[4] 詹姆斯·吉尔摩.统一的市场:在大规模顾客定制化中,获得顾客间各异的价值.哈佛商学院出版社, 2000.
[5] 吉姆·吉尔摩.体验经济:工作是剧场,业务是舞台.哈佛商学院,1999.
[6] 周展宏.情景规划"不确定时代"的想象力.

加拿大蒙特利尔世博会主馆

会议经济 与 旅游城市创新发展

文/高舜礼

【摘　要】会议经济是现代服务业的新兴领域，也是城市旅游业有机的组成部分和新的经济增长点，能够有力地提升城市发展水平，促进城市创新发展。而旅游城市是会议旅游的主要目的地，并且拥有着发展会议经济的众多优势，包括交通、服务、文化、政策等多方面的支持性条件。目前我国众多旅游城市的会议经济还处在发展的初级阶段，在产出总量、综合贡献、全球排序、运营机制、产业体系等方面，与旅游城市的综合优势还很不匹配。因此为满足旅游城市与会议经济创新发展的共同需求，应加强会议经济理念的宣传，推进市场化的会议运作模式，统筹开拓国内外会议市场，努力提高会议筹办专业水平，从而提升旅游城市发展水平，逐步培育一批会议品牌及目的地。

【关键词】会议经济；城市旅游；城市创新

作者简介：高舜礼　国家旅游局综合协调司副司长。

一、旅游城市：发展会议经济的诸多优势

全球每年国际会议已超过16万次、会议产值2800亿美元。我国会议经济起步晚、发展快，据抽样调查测算，2008年我国接待以会议为目的的入境旅游者741万人次，我国以商务/出差为目的的城镇居民旅游者2319万人次，显示了十分看好的发展前景。旅游城市除具有一般城市的特征外，还有若干发展会议经济的明显优势。

（一）**交通便捷**。我国现有地市级以上旅游城市204个（直辖市、单列市和副省级城市），绝大多数拥有机场、甚至国际机场，都有高速公路、铁路甚至高速铁路贯通。在这些城市举办会议，绝大多数国内参会者可当天抵达，部分参会者可凭借单种交通工具直达，部分参会者乘坐飞机或列车、再转乘汽车2小时以内可以抵达；国际参会者如不包括国际航线，可以5-8小时内达到。

（二）**接待条件完备**。旅游城市是城市发展的领先者，拥有承办会议的诸多优势，如会议场馆、食宿供应、市内交通、环境卫生、导游翻译等。以高档次住宿设施为例，2008年，全国432家五星级、1821家四星级饭店的绝大多数分布在旅游城市，并主要集中于经济发达地区：广东，61+168；北京，52+126；江苏，42+155；上海，37+54；浙江，30+134；海南，20+54家。以餐饮业为例，作为旅游城市的一个条件，除了有餐饮质量、档次、特色等要求外，还必须拥有风味餐、民族餐、西餐等餐饮种类和一定数量的餐馆。因此，旅游城市成为各类会议青睐选择的目的地。

（三）**人文汇聚**。旅游城市都是观光资源富集、人文历史荟萃，对承接各类会议具有明显吸引力。全球知名的会议目的地都是世界顶级的旅游城市，如英国伦敦、瑞士日内瓦、墨西哥坎昆、西班牙马德里等。我国各级旅游城市大多拥有国家风景名胜区、全国文保单位，甚至"世界文化与自然遗产"，有的旅游城市还是"中国历史文化名城"，迄今的全国76家5A级、1500家4A级旅游景区，也大多分布于或靠近旅游城市。上世纪90年代，有关部门为了狠刹公费会议之风，发文严令不得在风景名胜区开会，也说明"旅游"、"风景"、"景区"对会议吸引力之强。

（四）**政策支持**。上世纪90年代末，一些省市陆续在地方旅游法规中允许旅行社参与"公务接待"，开放了会议接待市场化的禁区。近些年，很多城市更是鼓励发展会议经济：2009年北京市设立1000万奖金，鼓励企业拓展国外高端会议市场；杭州市为应对全球金融危机影响，出台了鼓励发展会议经济的12条措施；厦门市制定了2009-2015会展产业集群发展规划，

中华文化促进会举办的"七节论坛"

桂林博鳌亚洲旅游论坛

对承办国际会议和国内大型会议予以奖励；深圳市出台了会展业财政资助专项资金管理办法，对重要国际会议最高按照实际场租费50%、境内专业媒体广告费30%给予一次性资助。广州、大连、郑州、太原、南京、哈尔滨、威海等城市也先后出台扶持政策，对相应规格和性质的会议给予税费减免或奖励。

（五）**专业服务**。旅游城市经济外向度高，服务业发达，承办大型节庆展会密集，拥有专门承办会议的一批旅行社、会务公司。例如，国旅总社注资1亿元成立会展公司，正在成为国内会展旅游服务的品牌；中青旅的会展公司2009年业务收入5.3亿元，净利润2044万元，再度获得"新加坡商务旅游专家"称号。据对以"商务/出差"为目的的国内旅游者有关服务质量评价的调查（2008年）显示，我国城镇居民旅游者评价为"很好"、"好"的分别占15.0%、54.2%，农村居民旅游者评价为"很好"、"好"的分别占12.17%、55.38%，这反映了会议服务的发展现状，也成为会议主办方评估选择会议目的地的重要参考。

世界旅行旅游理事会2010年度大会

(六)**宣传营销**。实施专业化的宣传推广,是会议经济发展的必要条件。世界各国旅游部门拥有宣传推广城市形象的专业能力,包括专业人员、专项经费、专业性渠道等,通过发挥政府旅游会展机构的整合优势,可以形成综合展示城市会议目的地的联合促销团队。我国旅游城市的宣传推广费逐年增多,经济实力较强的城市已达数千万至上亿元,一般地市级旅游城市也应上百万元,宣传推广手段已普遍采用与国际接轨的电视广告、参加展销、邀请记者、事件营销、手机短信等。以上海世博会为例,为实现招徕7000万人次中外参观者(含350万入境游客)的预定目标,旅游行业对海外开展了"全球百城世博旅游推广月",在国内实施跨越8省市、行程5000公里的"2010走进世博—旅游大篷车"巡回宣传推广。其中,仅对韩国市场的宣传就在最大有线电视台(中华电视)和《亚洲经济》等做了为期6个月的世博广告,向5000多家出境游批发商和代理商发放宣传册。

二、会议经济:对旅游城市的诸多贡献

会议与赛事展览相比,因所需的支撑要求不算太高,具有普适性的特点,各类旅游城市都适宜发展会议经济,并以此有效推动旅游城市的创新发展。

(一)**促进经济发展**。"会议经济"在全球是数量不菲的概念,会议消费的综合拉动作用也极为明显。据全国旅游业所作的抽样调查,以会议为目的的旅游消费在各类旅游目的中是最高的。2008年,我国入境过夜接待人均天花费186.18美元,而以会议为目的的则为228.7美元,明显高于观光、休闲度假、探亲、商务、朝觐等旅游目的;我国城镇居民国内游人均花费849.4元,而包括会议目的在内的商务/出差人均花费2350.6元,也是各类旅游目的中花费最高的,超出观光旅游目的的人均花费1072.7元的2倍多,即接待1位国内会议旅游者的收益超过2位观光旅游者。目前国际通行的测算旅游收入与拉

西班牙巴塞罗那奥林匹克村

动效益的系数为1:4.3，会议消费所产生的综合拉动效益应在此之上，对城市经济社会发展的贡献率也应该更高。

（二）**优化城市产业结构**。会议经济是现代服务业中颇具经济、社会叠加效应的产业，以增速快、关联度高、拉动力强、生态效益高而受到各国和各地的高度重视。会议消费不仅可创造巨大的经济效益，通过拉动上下游超过100个相关行业和细分产业，还将对优化城市产业结构产生积极促进作用。例如，以承办会议而著名的瑞士达沃斯小镇，年举办300-1500人的大型国际会议50多个、小型国际会议200来个，全年会议收益3亿瑞士法郎，占全镇GDP收入的近40%；北京市2007年举办各类会议21万个，国际会议就有七八千个，大型国际会议1355个（据《北京市2008年统计年鉴》）；浙江省2008年举办的50人以上规模的专业会议有2万余个，位居全国第一。当一个城市承办会议达到一定数量和规模，会议经济的综合效益便凸现出来，对经济和产业结构的优化作用也将不言而喻。

（三）**提升城市发展水平**。会议经济被喻为"强者经济"，只有综合实力较强的城市，才能承接高规格、大数量的会议。两个行政级别一样的县市，有的可井然有序承办大型会议，有的则勉为其难、捉襟见肘，发展水平和综合实力立见分晓。承办大型会议尤其是国际会议，一方面对城市综合条件有严格要求，另一方面也可明显拉动城市建设与发展。北京奥运会、上海世博会的举办，对完善城市功能、改善公共服务、加强综合配套、促进综合发展等，都应至少加快了10年；近些年，四川、贵州、云南省的全省旅游产业会议采取由市县一级争办的现场会模式，地方政府为办好会议都加强了基础设施、接待条件等的改善，使城市建设在会前后得到了明显提升。

（四）**促进城市创新发展**。会议是信息资源交汇与集结的平台，以对信息最快速和最直接的传播，发挥着报纸、电视、电话、网络等无法取代的功能。有的经济学家把会议称为"信息冲浪"、"财富平台"、"城市经济的拉力器"，一个城市承办大型会议的多少，客观反映着城市的综合外向度和信息吸纳能力。一个以会议经济为主导的城市，将是不断吸纳全国乃至全球最先进发展理念，永葆发展和管理思想常青，始终处于改革创新的发展前沿，永不保守、永不僵化、永不落伍的城市。

（五）宣传树立城市形象。会议对城市举办地的作用，除了直接和间接的经济贡献外，较明显的就是对城市巨大的宣传效应。通过承办各种主题的会议，不但可发挥与会人士的口碑作用，对城市整体形象和发展成就加以宣传，而且新闻媒体对会议及举办城市的广泛报道，也可使之成为一时的区域性或全国、全球性焦点。大量实例说明，会议规格越高、规模越大，这种宣传效应也愈加突出。例如，北京奥运会举办期间，仅新闻媒体记者就有4万多人，总量超过运动员、随行官员之和；上海世博会到4月上旬已收到13000个媒体人员提交的报名申请，包括境外（包括港澳台）媒体人员约3500人，分别来自589家媒体机构；4月中旬在美国举行的国际核安全峰会，仅采访记者就超过2500人。这些"宣传机器"的启动，将对树立和宣传国际国内会议目的地形象发挥重要作用。

三、创新发展：对旅游城市和会议经济的共同要求

会议旅游、会展经济在我国旅游界已不算新鲜术语，10多年来一直被作为新业态加以倡导和推动。北京、上海承办国际会议已位居世界前30位，广州、大连、杭州、南京、西安、昆明、天津等城市的会议经济也在加速发展。但总体上看，众多旅游城市的会议经济还处在初级阶段，在产出总量、综合贡献、全球排序、运营机制、产业体系等方面，与旅游城市的综合优势还很不匹配，今后宜作为城市创新发展的着力点大力培育。

（一）加强会议经济理念的宣传。会议是一种工作手段，更是一种市场需求、经济现象和现代服务业态。2009年4月，温家宝总理在强调海南旅游业重点要抓好的三个领域时，就强调第一是会展业，要求以博鳌论坛为重点"打好这张牌"。由于受习惯思维定势的影响，我国的会议长期面临着舆论压力，不论会议的主题、性质和类别，一律受到"文山会海"、"公款"会议、"公费"旅游等指责，并受到不得在风景名胜区开会等限制性规定，陷入了"原罪"般的无辜而尴尬之境，相当程度地制约了会议旅游和会议经济的发展。因此，把会议作为经济现象解读，还原会议经济本来面目，明确会议开销政策界限，打击假借会议平台滋生的腐败，是促进会议经济健康发展的当务之急。当前，旅游城市应大力宣传会议经济的功能和贡献，宣传推广各地政府鼓励发展会议经济的各种举措，认真落实国家有关会展业的发展政策，消除各种对会议经济的似是而非的限制性规定，使会议经济尽快赢得有利发展的政策环境。

（二）着力推进市场化的会议运作模式。我国有独特的会议文化和会议运作模式，但与作为经济意义的会议产业有相当差距，较明显和普遍的就是传统公费模式的会议形态。当前，做大做强会议经济进而向会议产业迈进，关键是推动大量的会议从不计盈亏、实报实销的传统模式，向讲求经济效益、市场化运作的方向转变。这也是服务业很多领域成功发展的重要经验。从我国国情出发，应充分借鉴世界通行的办会经验，除了少量政治性会议、工作性会议，可继续采取财政统包、自行运作的模式，其他的各类研讨会、工作年会、学术会议、经销商会、产品推广、业务洽谈、业务培训、销售奖励等，都应努力改变由政府主导、政府包揽、政府买单的状况，尽量考虑市场化运营，逐步转变为盈利性的商业会议。一时难以全部转变的，可把宜于市场化运作的会议环节交由专业性会议企业运作，尽量把会议资源转化为会议经济。

（三）统筹开拓国内外两个会议市场。把旅游城市尽快培育为会议旅游目的地，首先是要做大会议经济的总量。早在新中国成立前，共产党人就以"会多"而闻名；如今，我国更是一个会议大国，大到举国承办的奥运会、世博会，小到一县一乡一村举行的研讨会、交流会、培训会，会议已成为与经济社会发展密切相关的社会现象。目前，会议业界有一种过于强调承办国际会议、打造国际会议目的地的现象，从长远发展趋势看是必要的，但从做大我国会议经济总量的客观现实看，在相当长的一个时期内，还是应格外重视国内市场的基础性地位，因为它是会议资源中的"大头"。国内会议市场不仅给人以"海量"级的感受，而且人均天花费并不让于国际会议。以2008年旅游业的抽样调查为例，入境游客以会议/商务为目的的人均花费分别为228.7/195.81美元，国内城镇居民以商务/出差为目的的人均花费为2350.6元人民币，远高于入境的会议/商务旅游者的花费水平。加之，多数旅游城市受到的外在影响力正在逐步提升之中，较长时期内承办会议仍将以国内会议为主、国际会议为辅，因此，坚持国内外会议市场并重比较现实，只有以国内市场为基础、以国际市场为导向，才能既可避免"言必称希腊"之虞，也可防止"捡了芝麻、丢了西瓜"。

（四）努力提高会议筹办专业水平。我国已成功举办一些顶级国际会议，但筹办运营方式并未完全国际化，运作会议的专业水平还有较大提升空间。为了提高会议运营的专业水平，首先要建设专业化的会议场馆，包括大型会议中心、会议型酒店、功能齐备的会议室；其次是大力培育专业化的会议市场主体，包括会议公司、旅行社、会议展览中心等，要按照现代企

三亚·博鳌国际旅游论坛欢迎晚宴

业制度和会议经济规律组织运作，不断提高专业水平和市场竞争力；再次是造就专业化的会议人才队伍，根据会议行业产业链的分工，培养包括策划、主办、承办、地接、分包等不同环节所需的高中低端会议人才。

（五）着力提升旅游城市发展水平。一个城市会议经济发展的竞争力，取决于经济水平、基础设施、可进入性、城市形象、文化旅游资源、会议服务水平、价格优势等综合因素。我国旅游城市发展水平参差不齐，对国际会议市场的竞争力还不够强。据抽样调查统计，2008年入境过夜游客对会议旅游有关要素的质量评价中，对交通、邮电通讯、购物三项评价为"差"和"很差"的分别占13.3%、8.8%、8.6%，对有关旅游接待设施的评价中，将景区厕所、交通、购物三项评价为"差"和"很差"的分别占28.5%、14.9%、9.3%；我国城镇居民中以"商务/出差"为目的的游客，对公共设施评价为一般以下的占30.2%，对服务质量评价为一般以下的占30.8%。因此，争取把旅游城市培育为国内外会议的目的地，还大有工作可做、大有文章可做。

（六）逐步培育一批会议品牌及目的地。这是一个国家或城市会议经济发达水平的重要体现，它与承办高端会议的多少和会议经济的产出规模，是"一体两翼"的关系。随着国家综合国力的进一步强大，全球话语权和影响力的逐步提高，我国必将涌现出一批国际知名的会议目的地。当前，向这个目标努力，关键是要把握三点：一是承办较大量的国内外会议。可通过"会议大使"、"会展推广中心"等的工作，专业化地开拓会议市场，提高会议宣传推广力度和水平，保持较大的会议规模和市场效益。二是稳步提高会议质量和水平。国内会议要摒弃偏重形式、忽略实质的惯性，要努力扭转会风，务求实效；国际会议要广开客源，避免自娱自乐，按照国际规则和惯例办会，争取会议质量的最大化。三是共享国际会议品牌或独创会议品牌。要按照会议经济发展的客观规律，不断完善和提升旅游城市的专业化功能，在争取共享某些国际会议的品牌（如夏季达沃斯论坛）的同时，把一些会议办出持续性的特色、影响和效益，自我造就一批会议品牌，抢占会议经济发展的有利市场地位，使之成为旅游城市创新发展的战略高地。

"历史都是由会议创造的"，这是会议业界对会议功能的创意性阐发。我国是一个历史悠久的会议大国，古人已发明"文山会海"的成语，今人又极富创意地孕育了无穷无尽的会议。我国由传统的以耗靡资财为主的会议，向再创造价值的现代会议经济转变，的确面临不少的创新难题，谁堪当此大任？我国旅游城市应首当其冲、责无旁贷！

基于传播学视角的 旅游交易会展示效果研究

—— 以2009中国国际旅游交易会及2010中国国内旅游交易会为例

文/罗秋菊 崔友津

【摘要】旅游交易会不同于传统的以实物为展品的商品交易会，其中最大差别在于旅游交易会的展品为无形产品，参展商无法将旅游目的地、景区、酒店、旅行社、交通等"参展品"带到展会现场，因而展品的展示方式和效果就成为旅交会的核心问题之一。本文通过定性的研究方法，以2009中国国际旅游交易会及2010中国国内旅游交易会为例，试图评估当前旅交会的展品展示效果。研究发现，当前我国旅交会的展示效果主要受传播者（参展商）、传播内容（旅游形象或产品）、信息载体（展示方式）及受众（观众）四个因素的制约与影响。同时，观众对于展示效果的总体感知评价较高，其中专业观众与普通观众在评价展示效果时均关注传播内容要素及信息载体要素，但两者的侧重点有所不同。此外，展示效果与受众的体验需求，以及信息载体与传播者的类型匹配度密切相关。

【关键词】展品展示；展示效果；旅游交易会；传播学

一、问题的提出

展览会（或交易会）作为一种新兴的营销方式，不仅成为买家与供应商的交易平台，而且也是企业实现其多维目标的综合载体，包括传递信息、推广新产品、寻找合作伙伴、消除技术和社交障碍等（罗秋菊，2007）。其中，展览会是企业展示其最新产品或技术的良好平台。优秀的产品展示不仅能展现产品的特征或属性，传递参展商的信息，而且能最大限度地吸引观众的注意，从而增加观众与参展商交流的机会，提高双方的感知效益。

旅游交易会不同于传统的以实物为展品的商品交易会，主要差别有三（见图1）：其一，旅游交易会的展品为无形产品，它具有无形性、不可储存性、生产消费同时性、易逝性和异质性的特点。参展商无法将旅游目的地、景区、酒店、旅行社、交通等"参展品"带到展会现场，因而展品的展示方式和效果就成为旅交会的核心问题之一；其二，旅游的消费者为普通公众，增加他们对旅游目的地的认知和旅游意愿至关重要。这就导致旅游交易会的终端客户多元化，与一般的专业展览会有显著差别，既要针对专业观众，又不能忽视普通公众，如何兼顾两者是旅游交易会不能回避的问题，也是旅交会有别于一般商品交易会的重要方面；其三，一般意义上人们把展览会更多地理解为产品或服务销售、签约的地方，注重其销售功能，而旅游交易会与一般商品交易会有较大差别，其承担的主要功能是非销售功能。

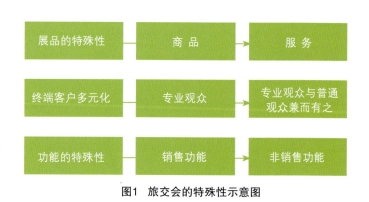

图1 旅交会的特殊性示意图

作者简介：罗秋菊 副教授，硕士生导师中山大学旅游学院会展管理系主任。主要研究会展产业、大型活动、旅游规划。
崔友津 中山大学旅游学院硕士生。

① 本文是国家旅游局2009科研立项基金项目"我国旅游交易会发展模式和机制创新研究"（09TABG034）的阶段性成果。

展示方式直接影响参展商传播信息的效率及效果，进而对参展商的感知参展效益产生影响。旅交会展品的特殊性必然导致其展示方式要随之改变与创新。

当前国内外的相关研究中，关于旅游交易会展示方式及效果的研究几乎空白。涉及"展示方式"及"展示设计"的文献，其中大多数的研究对象为博物馆或科技馆，研究内容包括博物馆展示方式的类型、展示空间以及展示设计。研究多以符号学、艺术学及传播学为出发点，以描述性研究居多。研究的成果比较分散，尚处于初期发展阶段。其中，李呈让（2009）借鉴传播学理论，从传播学的视角解读人文展示设计，分析展示设计传播的特点以及过程、模式、效果与功能。李江、胡敏、张旗（2009）从符号学角度出发，将展示设计的构成要素划分为人、物、时三个方面，对其进行符号传播分析，为展示设计实践提供分析确定观众定位、展出手法、时令特征等因素的理论参考。

基于上述考虑，本文以中国国际旅交会和中国国内旅交会为例，并借鉴传播学的理论，试图探讨以下几个问题：（1）当前旅交会展示效果的发生机制究竟如何；（2）影响其展示效果的因素是什么；（3）观众对展示效果的感知评价如何，其评价展示效果的因素有哪些？

二、研究方法

（一）案例背景

中国国际旅交会(China International Travel Mart, CITM)由国家旅游局主办，于1998年在上海首次举办。举办国际旅交会的目的是"为进一步开拓国际客源市场，巩固已取得的成功，展示旅游业发展最新成就，完善促销手段"。2001年起，中国国际旅交会由每两年举办一次改为了每年举办一次，并且把举办地改为在上海和云南轮流举办。截止到2009，中国国际旅游交易会已经成功举办11届，十多年来，中国国际旅游交易会的影响力日益扩大，已发展成为亚洲规模最大、专业性和国际化程度较高的综合性旅游展会。2009年的第11届旅游交易会各展团累计发放宣传品1285万份，各展团共签订合同6456份，达成意向性协议1.04万个，意向组团人数149万人次，共接待10.5万人次，其中专业人士3.5万人次，公众7万人次[①]。

中国国内旅游交易会创办于1993年，由国家旅游局主办、各省市逐年轮流承办，是我国旅游业界规模最大、影响最广的节会。从1993年在广州举办第一届中国国内旅游交易会以来，至今已成功举办了17届。旅交会主要宗旨是为参展的旅游景区（景点）、各旅行社、饭店及相关旅游企业提供产品展示、客源招徕机会，与参会的各旅行商进行业务洽谈、交易，以及相互之间开展交流合作和开拓新领域的良好平台。2010年的第17届国内旅交会在重庆举办，展区总面积4.56万平方米，共设展位2390个，共1521家单位参展，为历届国内旅交会之最[②]。

（二）研究方法

本文采用深度访谈法和非参与式观察法进行研究。

访谈法是本项研究主要的研究方法，访谈对象主要有参展商、专业观众、组委会有关官员等。访谈主要采用半结构型的深度访谈，访谈主题围绕展示方式而展开。访谈时间一般为20分钟，个别案例超过1小时。

本项研究以非参与型观察为主要方式，主要在交易会现场对举办的整个过程进行观察，包括展示方式、参展商、专业观众的行为进行观察，对亲眼看到或听到的事情再以访谈形式进行追问。

表1 访谈对象样本分布

访谈对象	样本量（个）	
	国际旅交会	国内旅交会
组委会有关官员	2	/
当地学者	1	/
参展商	18	6
专业观众	14	6
非专业观众	12	8
小 计	67	

采样方式采取"目的性抽样"抽样方式，即按照研究目的抽取能够为研究问题提供最大信息量的研究对象。具体而言，采用了最大差异抽样法，即抽取的样本能尽可能地覆盖研究现象中各种不同情况，详见表1。

---

① 根据中国国际旅游交易会官方网站数据整理而得，http://www.citm.com.cn，2010年5月5日
② 根据中央政府门户网站数据整理而得，http://www.gov.cn/gzdt/2010-04/26/content_1592459.htm，2010年5月5日

（三）调研过程

调研主要分两个阶段进行。第一阶段于2009年11月17至22日，在2009中国国际旅游交易会现场进行非参与式观察和访谈，并通过拍照将各种展示形式及内容记录在案。另外还对组委会的有关人士，当地学者，参展商，专业观众，非专业观众5类人群进行半结构式访谈。

第二阶段于2010年4月22至26日，在2010中国国内旅游交易会现场。方法与内容与第一次调研相仿。主要目的是验证第一次调研所得到的初步结论以及为第一次调研作补充。

三、研究发现及分析

（一）展示效果发生机制

旅游产品的展示实质上是一个信息传播的过程。借鉴传播学中大众传播中的"五W"模型（如图2）对旅交会的展示效果发生机制进行描述，以此探索影响展示效果的因素。

图2 展会效果的发生机制

由图2可以看出，传播效果的产生是非线性的，每经过一次中间环节或相关因素的作用，传播的效果都可能发生变化。因此可以说，展示效果是传播过程各个环节和因素综合作用的结果。结合旅交会的实际情况而言，可以将影响和制约展示效果的因素归结为以下四个方面：其一是传播者的复杂性；其二是传播内容的无形性；其三是信息载体是否合理，即展示方式与展品是否匹配；其四是受众的选择性理解。

（二）影响展示效果的因素

1. 传播者的复杂性

传播者指的是传播行为的发起人，是借助某种手段和工具，通过发出信息主动作用于他人的人。传播者处于传播过程的首端，对信息的内容、流量和流向以及受传者的反应起着重要的控制作用（郭庆光，2001）。

与一般的交易会不同，旅交会上传播者的构成比较特殊。在旅交会上，由于按地区划分展位,参展商是由多种不同类型及性质的组织或企业构成的。在同一展位中，通常由当地的旅游局或政府相关机构作主要组织者，组织包括当地各种类型的旅游相关企业参展，如酒店、景点景区及交通等。以安徽省的展台为例，在国内旅交会上，安徽省共搭建展台30个，总面积为270平方米。全省有合肥、亳州、宿州、阜阳、淮南、滁州、巢湖、芜湖、宣城、铜陵、池州、安庆、黄山13个市；黟县、歙县、休宁县、黄山区、徽州区、肥西县6个县（区）；黄山、九华山、天柱山3个旅游风景区；安徽旅游集团、黄山旅游发展股份公司、黄山中山国际旅行社、合肥和平国际大酒店、黄山香茗酒店、香茗大剧院、安徽华教集团7个旅游企业组团参展（如图3所示）。

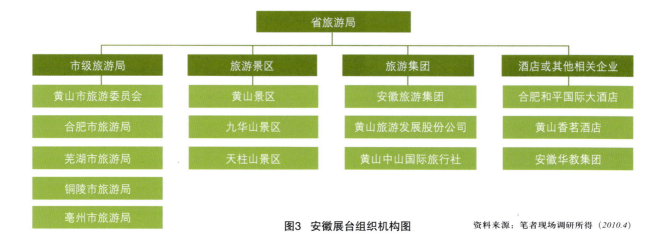

图3 安徽展台组织机构图　　资料来源：笔者现场调研所得（2010.4）

通过对参展商及组委会相关人员的访谈得知,搭建展台的决定权绝大多数落在处于主导地位的省级的旅游局或旅游管理机构上。旅游局或旅游管理机构全权负责设计并搭建展台,并分配各个企业的子摊位。以旅游局或政府相关机构为核心,统一设计及布置展台的模式在统一目的地整体旅游形象方面具有其优势。但若从各下属目的地及旅游企业的展示效果考虑,统一指导的展台风格不利于展现各种企业独有的个体形象。概述之,在多个传播主体共同参与的情况下,由于组织上的复杂性,部分传播主体不能在传播渠道(展台设计等)环节上掌握决定权或控制权,并直接影响其展示效果的实现。

2. 传播内容的无形性

在旅交会上,传播者(即参展商)传播的内容主要包括:目的地旅游形象,以及旅游产品(包括旅游线路、交通产品、住宿产品等等)。其中,参展商中的主体——旅游局或相关管理机构更倾向于宣传其目的地的旅游形象。

旅游形象信息是指传播的内容和事实(包括消息、资料、知识、数据等)。但内容和事实是不能被直接传递的,实际传递的是信息的符号。而信息符号系统纷繁复杂,进行旅游形象传播时,对符号系统必须要有所选择,才能科学地、有效地开展区域旅游形象传播(赵飞羽,2003)。旅游形象符号包括语言符号和非语言符号两大类,旅游形象的语言符号主要指旅游宣传口号、旅游广告、旅游风光片的介绍以及旅游解说等。旅游形象的非语言符号包括视觉性符号、行为性符号、听觉性符号、嗅觉性符号等。

大部分旅游产品都具有服务的属性,其具有无形性、不可储存性、生产消费同时性、易逝性和异质性的特点。在旅交会上,参展商通常展示的是旅游产品的可视化表征。如景区类参展商通常使用突出景区资源特征的图片作为展板,而政府类参展商则通过使用形象精美的线路地图展示其核心的旅游资源(如图4和图5)。

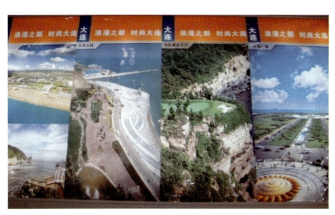

图4 大连展台的景区宣传板

图5 四川展台的旅游线路示意图

但不应忽视的是,正是由于旅游产品的特性,旅游产品与体验有着天然的联系。旅游产品提供的大部分是服务,其本质就是为旅游者提供特殊的经历和体验。现实的旅游者在消费旅游产品时,其主观感受是其需求得到满足的主要体现。换言之,旅游体验应该是旅游企业或政府在营销时关注的重点,同时也是旅游产品的价值所在。

3. 信息载体的多样性

如果说传播者的个体素质和社会属性决定着信息的内容,那么,信息载体的属性则决定着信息的物理形式、时空范围、速度快慢和量的规模(郭庆光,2001)。在旅交会上,信息的载体——即展示的方式众多,几乎每个展位都综合运用了多种展示方式。同时,各种展示方式之间相互包含,相互渗透。笔者通过观察,归纳得出5种主要的展示方式,分别是:图文板、模型、视频、表演及互动活动(如表2)。

展示方式运用恰当与否,直接影响展示效果的成败。而一个成功的展示方式应该是其自身特点与展示内容的特点相适应,相匹配的。笔者总结各种展示方式的优劣势及其适合传播的内容(如表3)。

4. 受众的选择性理解

受众是一个集合概念,指的是传播过程中的信息接受者或传播对象,在旅交会上直观地体现为到场参观的观众。已有研究发现,受众并不是孤立地存在于社会,而是分属于不同的社会集团或群体,有着不同的社会背景,他们对媒介信息的接触虽然是个体行为,但通常受到群体归属关系、群体利益以及群体规范的制约。同时,受众个体间往往存在较大差异,同时受个人因素和社会属性的制约。他们对传媒信息的需求、接触和反应方式也是千差万别的,也就是说,传播效果的大小因人因事因地而异。可见,即使是使用同一展示方式上的同一旅游产品,对不同受众所产生的影响也会有很大不同。

现场的观察显示,无论是国际旅交会或国内的旅交会,到

表2 各种展示方式说明

展示方式	描述	范例
图文板	■ 图文展板通过图片及文字展示概念性的事物，是旅交会现场最常见的展示方式。 ■ 同时，图文板还包括参展商所印制的大量文本资料，如各类报纸、旅游杂志、旅游类书籍、导游图以及旅游手册等，以供观众取阅。	 国际旅交会上云南展台展示的景点介绍
模型	■ 模型展示按内容可以分景观复制模型以及实物复制模型。 ■ "景观复制"是一种艺术处理手法，主要通过实物与场景组合，或复制品与场景的组合，表现展示主体对象(生物或人物)活动的环境，并表现主体与非主体各因素之间的相互关系，突出表达特定的典型情节和场面。 ■ 实物模型展示是以实体展品为内容的展示方式既包括实体展品（例如民族工艺品），也有复制品（景区的沙盘模型）。	 国内旅交会上重庆市梁平县展台的双挂堂大门复制模型  国际旅交会上华侨城展台的电子沙盘
视频	■ 视频展示是现代展示中常见的一种展示方式。泛指将一系列的静态影像以电信号方式加以捕捉、纪录、处理、储存、传送与重现的各种技术[④]。	 国内旅交会上安徽展台的视频展示
表演	■ 表演泛指通过歌唱或舞蹈等形式，展示当地特色风俗民情的展示方式。舞台表演是一种综合性的展示方式，不仅通过视觉吸引观众的眼球，而且通过听觉与视觉的结合将当地特色旅游资源呈现给观众，让观众快速、直观地了解到旅游产品的表象。	 国内旅交会上重庆市酉阳县展台的歌舞表演

---

④ 百度百科，http://baike.baidu.com/view/16215.htm，2010年5月8日

(续表)

展示方式	描述	范例
互动活动	■ 互动活动型展示方式，其展示方式与前不尽相同，增加了简单或者更加深层的参与性活动，除了观赏现场旅游产品展览和展会现场表演绝活外，观众还可现场互动学习，模仿体验。互动活动型展示方式的特点在于，增进参展商、观众与旅游产品三者之间的互动，进一步让参展商了解观众的需要，观众进一步了解产品属性。	国际旅交会上韩国展台的互动活动日程表，旁边为人们在学做中国结

表3 各种展示方式的优劣势及适用性

展示方式	优 势	劣 势	适合传播的内容
图文板	● 保存性强,可重复阅读； ● 信息接受的选择性较强； ● 信息容量大	● 单位成本比电子媒介高； ● 传播受观众文化水平、理解能力的限制	旅游目的地全方位基本信息
模型	● 立体化,可看、可触全方位感受	● 不能重复使用； ● 制作及运输困难	目的地的特色建筑
视频	● 覆盖面大,信息容量大,可重复传播； ● 传播效果较少受观众水平影响	● 信息重复使用困难； ● 制作成本较高	旅游线路、自然风光、
表演	● 现场感强,对观众的情感影响大； ● 多种感官感受	● 牵涉人员多,组织成本高； ● 信息容量少	目的地风情民俗
互动活动	● 观众参与,共同产生体验,印象深刻； ● 传播双向性强,反馈及时,互动频度高	● 覆盖面窄,参加互动的观众数量有限； ● 信息容量少	目的地风情民俗

场参观的普通观众中，大部分为老年人，以及以家庭为单位的参观团体。笔者曾经在昆明国际旅交会现场做过一个粗略统计，在10分钟内进场的210名观众中，就有接近一半（约98名）的观众是中老年人。同时，在国际或国内旅交会现场，一家老小进场参观的观众随处可见（如图6、图7）。

图6 "银发一族"占观众的比例不小

图7 一家老小参观的场面到处可见

(续表)

（三）观众对展示效果的感知

1. 总体感知

笔者通过在现场对观众的访谈，得知约有70%的观众（包括专业观众及普通观众）对当前旅交会的展会方式表示满意，他们对当前旅交会展示方式的效果评价比较高。其中大部分被访者评价时使用的字眼为"挺不错"，"还可以"，"展示得挺美的"，"效果一年比一年好"。以下是部分访谈摘录。

表4　观众关于展示方式总体评价的访谈摘录

观众样本	访谈摘录
旅游资源开发公司X先生	"目前的展示方式还是挺不错的。但从我个人的观点看，它虽然是一个交流的平台，但是它没有起到一个真正的决定性作用。"
昆明教师	"从宏观上来讲是一年比一年好，但宣传方式和力度还有待提高……"
哈尔滨旅游局	"现在的展示方式还是可以的……"
重庆市民	"展台设计得挺漂亮的……歌舞表演也多……"

资料来源：本研究现场调研整理面得（2009-2010）

2. 专业观众视角

专业观众评判展示方式的效果优劣与否主要是有如图8所示的三个要素。

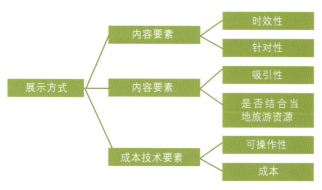

图8　专业观众评判展示方式的要素

（1）**内容要素**　其一，展示的旅游产品具有时效性，参展商每次参会带来的应该是当前最新的旅游产品及线路；其二，展示的旅游产品应有针对性，由于旅交会上的观众分专业观众及普通观众，故参展商展示的旅游产品应区别对待。

（2）**载体要素**　吸引性以及展示方式是否结合当地旅游资源。吸引性主要从美学的角度出发，以美观的角度评判展示效果的优劣；而展示方式是否能结合当地旅游资源，是否能突出旅游目的地的旅游资源特色，也是专业观众评判展示效果的一个重要因素。

（3）**成本及技术要素**　成本要素关注的是参展商的成本控制。展览会作为企业一种营销手段，成本与收益是必须考虑的。作为参展商重要组成部分之一的旅游局或相关政府机构，其主要目的是宣传地方旅游形象，并非以盈利为主要目的。因此，参展预算相对旅游企业而言较低。技术要素关注的则是限制展示方式发展的技术水平。随着科技的发展，展会展示方式也日新月异，技术水平也逐渐成为制约展会展示方式发展的重要因素之一。重要体现在当前科学技术在展会展示方式上的应用，例如，3D立体显示、电子沙盘的应用。具体见如表5所示的部分访谈摘录。

表5　专业观众评价展示方式的访谈摘录

专业观众样本	访谈摘录
上海金山区旅游局X先生	"如果观众只是简单的参观一下是不行的，特别是民俗风情，因为观众喜欢参与到当中。这里面需要互动，没有互动，现在谁要参观！企业一定要注意观众的体验。"……
	"如果可以，路线展示例如通过ppt讲解，把整个路线的游玩进行演示，通过情景演示、小品等是好的，但是这个成本就高了。"
哈尔滨旅游局X先生	"现在的展示方式还是比较单一的，而现场的实物展示体验也不多。我认为最好的展示方式要注重体验，例如体验式的表演。因为只有体验才能让旅游者印象最深，这也会是以后旅游产品展示的发展趋势。"
浩汇企业有限公司X小姐	"起码拿些资料可以吸引到他留意这个地方，他才会考虑。因为你自己去旅游也不会听到名字就去了，你肯定会先做资料的收集，这个场合我觉得就是让他们做这样东西。"
山东淄博市旅游局X先生	"……景点一味是为了展示漂亮。应该推出包含各项配套服务情况以及价格定位等一系列情况的产品包，而不是只注重漂亮……"

表6 普通观众感知评估的访谈摘录一览表

专业观众样本	访谈摘录
重庆山水都市旅游开发有限公司金佛山分公司X先生	"我认为小册子应该做两份,给同行一份,给其他客人另一份。给同行的目的是营销产品,所以小册子里就要强调资源及其分类和企业的竞争力,比方说某地接待了多少客人,可以加上客人的感想,更可信一些。给其他客人的主要是信息指导,给一些旅游建议,做成一本深入的旅游指南,打开要有那种让人爱不释手的感觉……"

资料来源:本研究现场调研整理而得(2009-2010)

3. 普通观众视角

虽然专业观众与普通观众在评价展示方式的效果时都关注到传播内容及信息载体,但普通观众所关注的侧重点与专业观众评价的稍有不同。

(1) 内容要素 产品要素包括多元性及针对性。针对性在上述专业观众的评价要素中已经提及,故在此不再多做解释。多元性指的是展示的旅游产品的种类需多元。普通观众认为展示的产品应囊括旅游行业整条产业链的产品,而不仅仅侧重于酒店、旅行社及景区等企业的展示。

(2) 载体要素 包括三方面:吸引性、互动体验性以及是否结合当地旅游资源。互动体验性强调的是观众在观看展品时与旅游产品交流的感觉,不仅仅是单调的单一方向转播——参展商通过展品的展示传播信息到观众——转向观众与参展商同时参与到传播的过程中,让观众增加切身体验,从而增强其认知。

普通观众样本	访谈摘录
重庆某市民X先生	"觉得这里的产品美是美,但是都没有介绍价格,北京的人来展览,也不说去那里玩怎么去比较好,住一宿多少钱之类的。最好有个价格,去哪里哪里一日游或者两日游要多少钱,让人来选择。基本上他们都是介绍线路,说有多好多好,但是没有说价格……"
山东观众X先生	"旅游产品的宣传形式要有所变化,可以通过一些表演、DV、精美小书等。我觉得那些宣传资料最好是大本一点的书,单张的宣传资料人家根本就不会很好的保留,随意就会扔掉,但是小本书一个是因为它精美,另外一个是人家重视书,所以不会随意扔掉。这样子才起到良好的效果。"
云南观众X女士	"我觉得这种折页纸需要改进,你看我现在也在挑一些自己觉得有用的宣传资料。我觉得做成光碟和影视是较好的。我看到有个别展位是现场电脑展示,现场操作也是非常好的。"
吉林观众X先生	"我目前看到的最好的就是内蒙古和山东的展示方式。内蒙古它有高大的迎宾先生和漂亮的迎宾小姐,山东那里有精彩的杂技表演,这些都是非常吸引人的……"

资料来源:本研究现场调研整理而得(2009-2010)

四、讨论与建议

(一)展示效果与受众的体验需求密切联系

展示是一种手段,也是一种目的——通过展示将信息传达给观众。旅游交易会是一个展示旅游产品的平台,目的是传播旅游目的地的形象以及营销旅游线路和产品。其宗旨是通过展示带给观众感性认知并得到理性认同,最终赋予实践消费行为,从而带动整个旅游产业的发展(陈凯,2006)。但就目前旅交会的情况而言,大部分展示方式缺乏与观众的互动,难以给观众留下深刻的体验,而缺乏体验直接降低观众对展示效果的感知。

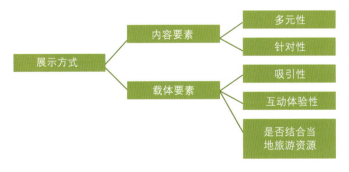

图9 普通观众评判展示方式的要素

具体见如表6所示的部分访谈摘录。

同时，旅交会观众对展示方式的体验需求日益明显。传播者（即参展商）应重视这一趋势，充分利用旅游产品的体验属性，多从观众的需求角度出发，利用当前多种多样的展示方式，力图在给观众留下深刻体验的同时，使其对目的地或企业的认知更加深刻，从而推动现实的旅游消费。

在国际旅交会上，笔者发现深圳华侨城展台在这方面着力颇多，效果不错。深圳华侨城的展台共分为三部分，分别为舞台、游戏体验区及模型展示区。三部分各有特点，目的明确。同时，在游戏体验区旁边，还设有爆米花派发处，免费向观众提供新鲜制作的爆米花。作者认为其体验展示的画龙点睛之笔正在于此。让观众一边拿着爆米花，一边看着小丑表演或者玩游戏，参展商目的是营造一种主题公园所特有的氛围——热情、欢乐的嘉年华。在这种特定的氛围下，观众会结合自身过往的经历或认知经验，勾起观众"熟悉的感觉"，让观众仿佛置身于主题公园内，通过营造特殊的氛围体验，创造多种感官体验——视觉、味觉及听觉，增加观众与旅游产品相互交流的机会，从而给观众留下深刻的印象，提升其对参展商形象的认知。

（二）信息载体应与传播者的类型匹配

展示效果优劣与否，与展示方式和参展商类型是否匹配有着密切的联系。参展商应根据自身的特点及属性，再根据不同展示方式的特点进行配对，从而找出最适合展示目的地或本企业旅游产品的展示方式。

● **类型一：旅游局或相关政府机构**

旅游局或者相关政府机构的主要目的是宣传地方的旅游资源，树立地方旅游形象，并非以盈利为主要目的。旅游局对于产品销售的敏感度相对较低，旅游局或相关政府机构盼着与其他组织或者企业建立合作关系，尤其希望可以与其他旅游行业协会组织建立合作关系。因此，对于此类型的参展商，侧重选用图文展示与视频展示的组合展示方式较为合理。

● **类型二：景区**

旅游交易会中，地方部分著名的景区景点或者著名的旅游集团（如长隆、华侨城等）独立参展，其目的是推广景区景点，与旅游分销商（旅行社等）签订订单，有些还会以捆绑销售方式，成为旅行社线路中的一个景点。

一般来说景区景点的经营者往往拥有更高的参展预算，投入资源更多，所以在选择展示方式时可以多层次组合。对于景区景点，图文展示、视频展示、模型展示、互动体验展示方式都可以选作其展示方式。但是对于不同的旅游资源应选用不同的展示方式。例如，对于自然旅游资源，可以通过图文展示以及视频展示的方式展现景区风光；对于当地独特的风俗文化，参展商可以选用舞台表演和互动体验展示，以吸引观众眼球，提高展示效果。

● **类型三：旅行社等旅游分销商**

旅游分销商，主要有旅行社，电子商贸平台（携程、芒果网）等，主要从事分销旅游产品，或者整合旅游产品成为分销商的捆绑销售包（例如旅游线路等）。对于旅游分销商而言，他们参展的目的更多在于树立企业形象，寻找潜在合作伙伴。因此这类参展企业更宜选用静态与动态观赏结合的展示方式，除了图文展示，还有视频展示，主要是为了阐述企业的业绩、信誉与市场占有率等，树立品牌形象，吸引潜在客户。

● **类型四：酒店、航空公司等旅游交通企业**

对于酒店、航空公司，其参展主要目的是推广产品，寻找分销商、代理商，更为重要的是树立企业自身的品牌形象。因此，对于此类参展企业展示的重点是产品属性，对于酒店或者航空公司，服务是产品的基本属性，然而服务是抽象无形，难以展示的，因此更宜通过视频展示方式，以及互动体验的展示方式展示服务水平。

各种类型的政府部门或企业宜采取的展示方式如表7所示。

表7 不同类型的传播者宜采取的展示方式

展示方式 展示主体	不同媒介运用手段				
	图文板	表演	模型	视频	互动体验
旅游局或地方旅游政府机构	√			√	
景区景点	√	√	√	√	√
旅行社等旅游分销商	√			√	
酒店、航空公司	√			√	√

西班牙 *Toledo*

参考文献：

[1] Chris Cooper,John Flectcher.Torism_priciple and practise[M].Edited by Rebecca Shepherd.Second Edition,1998.

[2] Gopalakrishna S,Lilien C L,Williams J D,and Sequeira I K,Do Trade Shows Pay off?[J].Journal of Marketing,1995,59:75-83.

[3] Hansen K. Trade Show Performance:A Conceptual Framework and Its Implications for Future Research[J].Academy of Marketing Science Review,1999:1-14.

[4] 陈凯.展示设计中的问题与思考——世界休闲博览会设计实践[J],浙江工艺美术,2006(9).

[5] 陈向明.质的研究方法与社会科学研究[M].北京: 教育科学出版社, 2000.

[6] 方家增.陈四敏，科技博物馆展示设计的探索[J],科普研究, 2009, (2):46—51.

[7] 风笑天.社会学研究方法[M].北京：中国人民大学出版社，2005.

[8] 郭庆光著.传播学教程[M].北京：中国人民大学出版社，2001.

[9] 李呈让.从传播学的视角解读人文展示设计[J].艺术评论，2009, (6),90—93.

[10] 李江，胡敏，张旗.展示设计构成要素的符号传播分析[J] .装饰，2009, (6),141—142.

[11] 陆保新.博物馆展示方式与展示空间关系研究[J]. 建筑学报, 2003,(4),60—62.

[12] 罗秋菊，保继刚.参展商参展目的、绩效评估及其相关关系研究——以东莞展览会为例[J].旅游科学，2007,(10):57-65.

[13] 马昱.科技博物馆创新展示方式研究[D]. 2009.

[14] 邵培仁.传播模式论[J].杭州大学学报,1996,(2):159—167.

[15] 石培基，李先锋.旅游形象传播研究[J],《西南民族大学学报 》（人文社科版)2006 (8):212-214.

[16] 沃纳•赛佛林、小詹姆斯•坦卡德著，传播理论——起源、方法与应用[M]. 北京：华夏出版社，2002.

[17] 赵飞羽.区域旅游形象的传播学特征及传播的初步研究[D]. 2003.

鸟瞰马尔代夫天堂岛

旅游度假区发展历程与趋势分析

文/周建明

【摘 要】 本文系统回顾了旅游度假区的发展现状与研究进展，在此基础上分析了旅游度假区的发展趋势：休闲度假主题社区和度假旅游综合体为代表的功能复合化；时尚、极品、专项、定制旅游度假产品等类型多样化；多元化度假需求催生下的度假新业态以及度假旅游与产业要素融合发展形成的新业态；休闲时代背景下的休闲化度假以及度假旅游地产的迅速发展。

【关键词】 旅游度假区；研究综述；发展趋势

一、旅游度假区发展历程

（一）国外旅游度假区发展现状

国外旅游度假区最早可以追溯到古罗马帝国时期，当时的罗马及其附近开发的住宿设施和温泉浴室疗养设施，后来温泉度假传播到北非海岸、希腊、土耳其、德国南部、瑞士以及英国[1]。1326年，比利时铁器制造商洛普在烈日镇附近开发了欧洲大陆上第一个温泉旅游度假区。随后，烈日镇变成著名的温

作者简介： 周建明 教授级高级城市规划师、博士。中国城市规划设计研究院旅游规划研究中心主任，城市旅游工作室主任。

泉旅游胜地[2]，并改地名为"斯吧"，即为泉水胜地，这种温泉旅游度假区可视为旅游度假区的早期雏形。

直到18世纪末，除少数情况外，旅游设施主要局限于沿交通要道分布的小旅店、客栈、法式小旅馆和教会旅社以及主要目的地——朝圣地、商业集镇和港口。多数旅行者都在目的地的朋友家借宿或租赁房屋。伴随着19世纪工业革命和交通的发展，兴起了以保健和娱乐为目的的温泉旅游度假区（Baden Baden, Marienbad, Vichy Bath）；出现了为治疗结核病而兴起的疗养度假区（Menton,以及后来的阿尔卑斯山区的 St Vallier Leysin）；山地度假区（Chamonix, Zermatt, Garmisch）和海滨度假区（Deauville, San Remo）[3]。

进入20世纪，随着冬奥会的发展，一些冬奥设施发展为早期的滑雪度假区（Chamonix, Vald'Isere），尤其是在欧洲的阿尔卑斯、韩国汉城附近的山地，出现了以冬季山地运动、健身为主要目的的山地度假旅游区[4]；到20世纪下半叶，伴随着度假旅游的大发展，泰国的Pattaya、Phuket，印尼的Bali、Lombok、Riau，澳大利亚的Surfers、Paradise, north Queensland，马来西亚的Batu Feringgi等，加勒比沿岸、地中海沿岸、东南亚国家的海滨型度假区也逐渐兴起。

进入21世纪以来，国外旅游度假产业的发展呈现出高端化、体验化、私密化与产权化的特点。例如分时度假成为度假区的一种新的经营模式，起源于20世纪60年代的法国，散布于80多个国家的4000多处分时度假区，为300多万个家庭所有。分时度假是在指定年限(或永久)内的指定时间段的居住权。除了每年的维护费、管理费、经营费，业主要一次性或在7年～10年中分期交纳购置费，也可以凭借自己在交易公司，如国际分时公司和国际度假管辖公司的成员身份与其他成员交换数周的所有权[5]。分时度假、俱乐部、产权酒店等多种度假业态与游轮、高尔夫、水肺潜水、浮潜、滑浪风帆、瑜伽、高级健身等多元化休闲方式结合，形成了发展成熟的国际顶级度假连锁集团。如全球最富盛名的休闲旅游度假集团——地中海俱乐部（Club Med），通过采用会员制俱乐部的经营形式，形成了"城市商务俱乐部"、"高尔夫俱乐部"、"游艇俱乐部"、"健身俱乐部"等多种成熟俱乐部；并利用分时度假、全包度假的理念，向客户提供世界上最大、最多选择的度假设施出租服务和极品休闲，并在全球近百处度假区经营出租项目。

惠州南昆山十字水度假村

三亚喜来登酒店

（二）国内旅游度假区发展现状

国内基于休闲度假目的的园囿自古就有，魏晋南北朝的士大夫园囿、唐代皇家园林（华清宫）、明清承德的避暑山庄、颐和园等均可以称之为皇家（私家）园林型度假区。但真正意义上的现代旅游度假区的出现要追溯到建国以后。1949年以后至八十年代中期以前，在中国北方，大部分度假区为官办。这个时期的旅游度假区从功能上来说，以疗养、治疗和保健为主，建筑主要是单幢建筑，设备简单。这些旅游度假区基本上属于福利性质的，如北戴河人大代表度假村以及北戴河政协度假村[6]。从单个旅游度假区来说开发规模都比较小，多数客房在1000间之下；类型只有滨海、山地等少数几种；空间分布极其有限[7]。

进入八十年代中后期，中国旅游业得改革开放之先，逐渐从外事接待工作中剥离并独立发展成为经济产业，各级旅游度假区和各类型旅游度假区也应运而生，其标志性事件为1992年我国建立的12个国家级旅游度假区：大连金石滩度假区、青岛石老人度假区、苏州太湖度假区、无锡太湖度假区、上海佘山度假区、杭州之江度假区、福建武夷山度假区、湄洲岛度假区、广州南湖度假区、北海银滩度假区、三亚亚龙湾度假区、昆明滇池度假区。随后各省市批准了117个省级旅游度假区。1996年国家旅游局推出"休闲度假旅游年"，一年后又在"中国旅游年"中推出"海韵·湖光度假"旅游产品和16条度假旅游精选线路。这些旅游度假区的建立，标志着上世纪90年代旅游度假区建设热潮的到来。

伴随着度假区的建设开发热潮，21世纪伊始我国大体形成了三种类型的度假区：一是以满足海内外度假需求为导向的国家旅游度假区和省级旅游度假区；二是以满足暑期休假休闲为主的海滨度假地；三是以满足双休日需求为主的环城市旅游度假区[8]。但深刻反思十多年旅游度假区的建设热潮，我国旅游度假区的发展在前进中充满着弯路与曲折：魏小安（2005）以十多年后国家级旅游度假区的经营状况为切入点，认为我国旅游度假区的发展总体上不甚理想，表现在一是做得比较好的度假区只有"一南一北"，分别为海南的三亚国家旅游度假区和大连的金石滩国家旅游度假区；二是功能转换的度假区，如山

深圳东部华侨城大峡谷海菲德小镇

东部华侨城茶溪谷茵特拉根温泉

东青岛的石老人旅游度假区和崂山风景名胜区、青岛科技开发区几区合一，已经脱离了旅游度假的概念，广州南湖、福建武夷山、杭州之江等基本变成了城市中心的房地产区；三是形成了观光区，如无锡的马山；四是调整，广西北海银滩国家旅游度假区，一期以房地产开发的模式不但项目本身失败，而且破坏了资源，福建的湄州岛也没发展起来[9]。

虽然政府主导的旅游度假区建设部分违背了市场规律，发展差强人意，但伴随着大规模城市化与机动化的发展，乡村度假、分时度假、产权酒店等多元化的市场度假行为却渐渐形成产业集聚。最为典型的有北京、上海、广州周边形成的复合型、全方位环城市旅游度假带和中西部成都、重庆为代表的大型城市周边形成的"农家乐"乡村旅游度假带。其次，海南、珠三角、长三角相继兴起的产权酒店、度假房产的热潮持续升温，尤其是伴随着"国际旅游岛"国家政策的提出，海南的产权酒店、高尔夫度假房产已经从三亚、陵水、万宁、海口的海南东线逐渐向中部和西部腹地延伸，在形成旅游产业集群的同时也未免令人担忧这些旅游度假的"孤岛效应"、"泡沫效应"和"漏斗效应"。另外，新技术、新市场推动了运动型休闲（攀岩、滑雪、滑翔、森林浴、野外生存拓展、山地高尔夫、山地自行车、山地极限运动）和养生型（Spa、藏药、足浴）度假区发展迅速，前景大好，这类度假区不仅布局在东南沿海，而且有逐渐向内陆广阔腹地延伸的趋势。

二、旅游度假区研究综述

（一）国外旅游度假区研究回顾

从国外来看，由于度假区的发展历史较长，相对成熟完善，因此大多数的旅游地相关研究都将各类度假区作为研究的案例地，取得了较为丰富的研究成果。国外对于旅游度假区的研究视角，一部分集中在旅游度假区发展现状及对策，尤其在20世纪八十年代对于旅游地生命周期的研究即是以度假区为最初的研究对象。Gerda,Lluls(1998)[10]，Andreas(2004)[11]等学者将巴特勒的生命周期理论应用于旅游度假区的研究，发现欧美度假区的发展中也存在探查、参与、发展、巩固、停滞、衰落或复苏这6个阶段，并且几十年的发展之后大都处于停滞和衰落期[12]。

泰国普吉岛大PP岛

泰国普吉岛小PP岛

国外旅游度假区发展的类型包括温泉、海滨、滑雪等类型的旅游度假区，其中关于海滨度假旅游地的研究最为集中。而国外学者对于海滨旅游度假地的研究不仅包括其发展状况及对策的研究，更多的深入到海滨度假地发展对周边环境（自然、人文、社会）的影响，甚至是孤岛效应[13]。如Simpson和Wall（1999）[14]以印尼苏拉威西岛上两个社会经济基础不同的度假区（Paradise vs Santika）为案例，对度假区不同开发阶段所带来的影响效应进行横向和纵向对比分析。Brunt和Courtney（1999）[15]则以英国德文郡一小型海滨度假区（Dswlish）为案例，通过深入的问题访谈考察了度假区开发所带来的社会文化影响以及居民对这些影响的感知情况。

旅游度假区是一种重要的旅游地类型，度假旅游者通过购买度假产品，到访度假，体验某一度假区所提供的吸引物、优美环境和其他利益。这意味着，在某种程度上度假旅游者与当地社区存在着对地方资源竞争性占用，因而旅游度假区的可持续性就日益凸显。旅游影响的规模和程度在度假区之间并不相同，在很大程度上取决于度假区对目标市场的脆弱性和可达性[16]。因此，学者们对于度假区可持续旅游的研究，得出一些初步的结论，认为其可持续性起码应具备三个基本条件：市场导向与均衡——适当的旅游活动类型与资源环境支撑能力的平衡；资源利用与保护——综合、高效、循环利用资源；环境改善与保护——废物处理、废水处理等方面。

综上所述，国外对于旅游度假区的研究已经从温泉、海滨、滑雪等类型旅游度假区的发展经营、产品开发、形象偏差等内容逐步深入到度假区与周边自然、社区环境的融合状况及成因的研究，而调查(survey)、考察(examine)、询问(question)、抽样(Sampling)、例证(case)、建模(model)等定量与实证方法则成为获取研究数据的最重要来源。

（二）国内旅游度假区研究回顾

从我国旅游度假区的研究来看，自90年代初12个国家级旅游度假区批复以来，我国度假旅游区的研究渐热。但由于发展时间短暂，与我国度假旅游和度假区的发展阶段相适应，绝大多数的研究都将注意力放在了度假区的开发、规划和经营管理方面（刘家明，1999），涉及的研究内容如下：

1. 旅游度假区概念解析

旅游度假区作为一种以休闲度假为主要目的的旅游地，向旅游者提供休闲度假功能相配套的设施与服务；具有丰富的休闲度假内容以及集中的旅游资源、良好特征环境等特点（周建明，2003）。另外，一些学者也解析了度假区的文化含义，一方面包括度假区内部的文化设施和文化娱乐活动，另一方面亦包括以度假区为圆心的旅游文化圈[17]。

2. 度假区发展现状与建议

针对旅游度假区的发展现状，尤其是12个国家级旅游度假区的发展现状，许多学者展开热议。王国新（1998）认为国家级旅游度假区存在的问题包括市场定位不准却忙于开工建设，欲速则不达；筹资导向错误；管理体制不顺；宣传促销不力[18]；刘家明（2003）[19]曾将我国目前的旅游度假区的现状分为五类来表述：（1）成熟型，即区位条件较好，开发建设投入大，基础设施配套齐全，食宿、康体娱乐、休闲、会议设施比较完备，能真正起到休闲度假的功能，吸引大批国内度假旅游者和部分国际客源；（2）功能转换型。设计粗糙、盲目投资建设的所谓度假设施。如青岛石老人国家旅游度假区，广州南湖、福建武夷山等；（3）观光型，看重自然条件，度假休闲的配套设施开发不足，造成游客大部分以观光为主，如无锡马山和苏州太湖度假区；（4）待调整型。片面追求土地的经济利益和异国情调，布局、造型等与周围环境极不协调；（5）待开发型。

3. 旅游度假区规划理念

作为度假旅游的主要目的地——旅游度假区，具有良好的

深圳东部华侨城茶溪谷茵特拉根小镇

度假环境应是旅游度假区的基础条件，度假环境的消费及为满足度假目的而配备的各项设施、服务和其他旅游内容是旅游度假区的吸引物体系。旅游度假区的度假环境应包括自然环境、人文环境和心理环境3个方面，良好的度假环境应体现出舒适性、康益性和安全性。伴随着度假区主题性、文化性、生态性、景观性、休闲性的发展特点，旅游度假区的规划内容应主要集中在4个方面：确定客源市场及其需求特征、度假环境的营造、旅游吸引物体系的策划与规划、度假区规划实施的保障体系（周建明，2003）。刘家明（2000）将旅游度假区的用地类型按性质分为三类：直接为旅游者服务的用地；公用事业、交通服务设施等用地；管理用地等间接为旅游者服务的用地。而从最初的12个国家级旅游度假区规划的角度来看，旅游度假区的基本功能分区包括综合服务区、度假别墅区和多种旅游吸引物，而作为高档康体休闲旅游吸引物的典型代表，高尔夫成为国家级旅游度假区的必要功能分区之一；并且提出了2种空间布局模式，第一种为围绕核心天然吸引物或消遣设施的规划布局模式，另一种为围绕中央饭店的规划布局[20]。

4. 旅游度假区的市场研究

旅游度假区的市场定位与开发方向是旅游度假区成功与否的重要因素（张凌云，1996[21]；欧阳慧等，1998[22]），并且度假区存在明显的季节性市场供求矛盾，严重制约了海滨旅游度

大峡谷茵特拉根瀑布大酒店

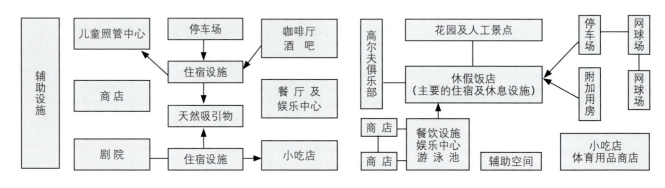

图1　旅游度假区空间布局模式

假区（尤其是北方海滨旅游度假区）的发展，主要表现在以下几个方面：（1）由于突出的季节性供求矛盾，海滨旅游度假区的旅游服务设施建设没有受到重视，在一些海滨城市，由于淡季长且客源极少，造成淡季大量的设施及人员闲置；（2）明显的季节性使旅游旺季价格飞涨；（3）环境污染严重；（4）海滨旅游度假区的城市化、房地产化。交通拥挤、环境污染、社会犯罪以及高噪音等[23]。

5. 旅游度假区的影响效益

针对旅游度假区的可持续性发展诉求，一些学者进行了旅游度假区对当地社区经济发展影响的实证研究，尤其是关于旅游度假区开发对当地社区地理环境发展负面影响的实证研究。如度假区开发带来的环境污染问题（吴宇华，1998[24]）、经济漏损、文化冲突和滨海城市化问题（刘家明，2000），以及度假区内的孤岛效应（刘爱利，2008）。这些研究的基本方法以

描述性的定性分析为主，鲜见深层次定量及制度剖析。

三、旅游度假区发展与研究趋势

中国旅游业已"基本跨越起飞阶段，进入趋向成熟的持续高速增长"和"从世界旅游大国向世界旅游强国迈进"的新阶段（国家旅游局，2005[25]），并已进入"休闲度假"旅游时代。随着大规模度假旅游产品的开发，旅游度假区的发展模式呈现出新的趋势。

（一）功能复合化

在传统休闲度假功能的基础上，多数度假区都在进行以（别墅）资源整合和功能调整为重点的整治性梳理，其中旅游吸引物功能、度假功能、休闲功能和特色功能要素集聚的综合型旅游度假区成为旅游度假区发展的主要趋势，其主要表现形式包括休闲度假主题社区和度假旅游综合体等。

1. 休闲度假主题社区

休闲度假主题社区的典型特征为复合主题型特色下的旅游功能组合，尤其是度假功能和主题游乐（主题公园）、旅游休闲、商务会议等诸种功能的有机融合[26]。其中，以主题游乐和商务游憩为带动力的功能复合型度假旅游已经成为区域旅游用地增值，价值提升的重要手段，深圳东部华侨城即为典型案例。东部华侨城集两个主题公园、三座旅游小镇、四家度假酒店，两座18洞山地球场、大华兴寺和天麓地产等功能项目于一体，其主题公园、特色城镇、高尔夫等精品旅游吸引物与茵特拉主题酒店群（包括瑞士文化酒店、"禅宗"大华兴寺菩提宾舍，房车酒店和瀑布酒店）的结合，营造了多重功能下良好旅游环境与完善度假设施的有机统一，可视为复合型度假主题度假社区的典范。

2. 度假旅游综合体

度假旅游综合体是城市综合体概念在旅游度假领域的借鉴与延伸。城市综合体是指将城市中商业、办公、居住、酒店、展览、餐饮、会议、文娱和交通等城市生活空间的三项以上进行组合，并在各部分之间建立一种相互依存、相互助益的能动关系，从而形成一个多功能、高效率的综合体。而休闲度假时代的到来，引发了城市综合体发展模式在度假旅游开发领域中的演绎，度假旅游综合体成为一种全新的、开放的、生态的、地标性的功能空间，是将度假休闲、生态、文化、主题体验、购物、会展、游乐、演艺等旅游功能的多项复合于度假区的旅游业态集群，可满足不同游客获得舒适、便捷、愉悦的旅游休闲度假体验的有机组合体。国内目前主要是杭州先期引进和推动这类综合体项目的开发，西溪天堂和南宋御街两大国际旅游综合体已步入试运行中。因而，度假旅游综合体可被视为一种创新旅游地域空间的发展模式，通过旅游要素整合，配套相关设施，形成系统性、特色创意的综合型度假区，从而实现旅游项目与规模效益的引擎发动，实现旅游产业发展的新型突破路径，具有规模大、功能全、品质高、环境优、服务好等特点。

（二）类型多样化

消费经济时代的到来，多元化旅游需求下的度假产业发展动力不断增强；另一方面游客的消费层次愈发多样，在传统度假需求基础上更加关注精神、心理需求等较高层次需求的满足和私密化、定制化服务品质的追求，"低空飞行、航海、登山、滑雪、马术"等极品休闲度假，高尔夫、游艇、房车、游轮等时尚休闲度假，专项（主题）度假、定制度假与深度体验式度假，乡村休闲度假、森林休闲度假等特殊地域类型的休闲度假形式在世界范围内不断涌现，显现出休闲度假市场的蓬勃发展和需求类型结构的多样化。

针对极品体验、时尚消费等新需求诉求，顶级SPA、文化创意、极限运动、户外拓展、养生堂（中药、藏药、瑜伽等）等都市时尚项目的开展常常与度假产品的开发相结合，一方面形成了主题文化要素下的休闲度假功能集聚；另一方面成为度假区发展的独特性卖点，有助于度假区产品的附加值升值和营销战略实施。其次，针对高端客户，强调时尚、私密性与定制化服务(瑞士青春之旅、日本健康之旅、韩国美容之旅等顶级定制化度假之旅，以及国际时尚的以满足个人特殊爱好为特色的高端定制化度假之旅)的养生、疗养、度假型空间体不断扩展和丰富，其典型特征之一为高端度假空间定制化的全产权运营；之二为客人在酒店住宿期间管家式的、全方位的、高品质的私人服务，定制和私密成为其高附加值的显著特征。

开封清明上河园

深圳东部华侨城茶溪谷茵特拉根小镇

泰国普吉岛Promthep Cape(神仙半岛)

(三) 旅游新业态

"业态"一词来源于日本,有学者将其定义为：针对特定消费者的特定需求,提供销售和服务的类型化服务形态。旅游业具有复合性强、关联度高的特性,因此,旅游业态通常是涵盖旅游产品组织形式、运营模式、产品特色的一个综合概念。而旅游新业态则是指根据社会经济的动态发展和旅游消费模式的潮流变化而创造出来的能够满足游客心理、情感和审美享受的新产品的集合形态,是对各类旅游要素和社会经济要素的创新利用与融合发展,包括围绕旅游新产品形成的旅游产业、旅游要素服务的新方式、旅游产品与要素组合的地域经济新模式等。因此,旅游新业态产品是相对传统产品的一个概念,无档次和级别的区分,而且是更注重与时俱进、不断发展、不断创新的过程。近年来,传统的基于海滨、山地等度假资源的城市商务酒店、经济型度假酒店的度假业态在市场化的过程中,和会议产业、医疗保健、体育产业、房地产业、文化产业等相关社会经济要素创新利用与融合发展,已经一定程度上形成了丰富多样的度假旅游新业态,其中两大类核心旅游新业态的发展态势尤其明朗：一类为多元化度假需求催生下的度假新业态(如携程、易龙等旅游网站形成的"度假产品超市"、奖励度假、蜜月度假、自驾游度假、节事度假等);另一类为度假旅游与产业要素融合发展形成的新业态(私人会所、度假酒店群等)。

(四) 休闲化度假

美国未来学家甘赫曼将人类社会发展的第四次浪潮预言为"休闲时代"。休闲产业是现代社会的产物。美国的休闲产业已处于国民生产总值第一的位置,其就业人口占全部劳动力的四分之一。据美国有关部门的统计显示：美国人有三分之一的休闲时间,有三分之一的收入用于休闲[27],有三分之一的土地面积用于休闲。休闲产业是指与人的休闲生活、休闲行为、休闲需求（物质的与精神的）密切相关的产业领域,特别是以旅游业、娱乐业、服务业为龙头形成的经济形态和产业系统,它可以整合包括国家公园、博物馆、体育（运动场馆、运动项目、设备、设施维修）、影视、交通、旅行社、餐饮业、社区服务以及由此连带的产业群。

知识经济背景下的高教育程度和高收入特征将进一步分化休闲市场层次,而度假需求无疑催生休闲市场下度假旅游的发展,其核心特征为度假设施与休闲设施、活动的有机结合。如著名的迪斯尼度假酒店即定位于普通家庭的休闲和度假者,结合休闲需求发展度假产品。迪斯尼度假酒店一般毗邻迪斯尼乐园,与乐园一起构成度假目的地。住店客人可享受往来饭店与乐园间的多种交通工具;特别针对不同年龄层次的儿童设计俱乐部活动或主题游艺、餐饮活动等休闲活动设施。由此可见,迪斯尼主题下的游乐休闲经历是迪斯尼度假饭店的主要卖点[28]。再次,以乡村为核心的布局在城郊结合带的度假旅游供给将与休闲旅游相互渗透,并且其良好的发展态势将带来对"乡村文化"特质和属性的深入开发,从而为休闲度假环境的多元化营造良好基础。另外,休闲旅游中度假旅游的比例将逐渐增加,并且分时度假、海滨度假等度假产品将有助于人们更好地利用休闲时间,休闲与度假的融合将更加紧密。

(五) 度假旅游地产

随着旅游房地产的持续升温,度假旅游和居住功能的结合开发已经成为区域旅游用地增值,价值提升的重要手段。与传统意义的房地产不同,高品质度假房产以优美的景观资源为核心,邻近度假资源的良好区位增大了其市场价值和投资稳定性,往往成为房地产商投资旅游度假区的核心诉求,海南、杭

河北桥廊殿 （殷帆 摄）

州等一线旅游目的地的度假型旅游房产已经成为围绕旅游吸引物的重要旅游目的地要素。另一方面，"第二居所"、"主题公园房产"等载体下的度假旅游区在山水环境周围有机布置现代娱乐设施、购物餐饮、宾馆酒店、商务会所等设施项目，成为特色浓郁、主题鲜明的现代度假产品的主要载体。目前"度假+地产"模式已经成为高端度假型酒店开发的普遍模式，凯宾斯基、希尔顿、新加坡悦榕等品牌在三亚、苏州等高端度假酒店和房产的投资，都体现了度假房产对优越度假旅游资源的依托和指向性，展示着度假经济新兴的发展方向。

参考文献：

[1] 霍洛韦CJ.论旅游业.北京：中国大百科全书出版社，1997.
[2] 朱卓仁.休假地的开发及其管理.北京：旅游教育出版社，1992.
[3] （英）博拉 劳森著,唐子颖 吴必虎译校，旅游与游憩规划设计手册.北京：中国建筑工业出版社，2004.131-133.
[4] 周建明.旅游度假区发展趋势与规划特点.国外城市规划，2003（3）:25-29.
[5] 廖慧娟.中外旅游度假区经营模式创新研究[J].创新,2008:38-41.
[6] 唐俊昆.现代疗养旅游及度假村建筑.天津：天津科技出版社，1988.
[7] 刘家明.旅游度假区发展演化规律的初步探讨[J].地理科学进展,2003,22(2):211-218.
[8] 国家旅游局规划发展与财务司.中国旅游景区发展报告（2005）,北京：中国旅游出版社，2005.4.
[9] 魏小安.中国休闲度假的特点与趋势[N],中国旅游报 2005 (5): 02.
[10] Gerda PriestleyLluís Mundet. The post-stagnation phase of the resort cycle. Annals of Tourism Research, 1998, 1(25):85-11.
[11] Andreas Papatheodorou. Exploring the Evolution of Tourism Resorts. Annals of Tourism Research,2004,1(31):219-237.
[12] 贾志宏，赵中华，张蕾.有关旅游度假区中外研究的对比分析.桂林旅游高等专科学校学报，2005，16:45-48.
[13] 刘爱利.旅游度假区的孤岛现象及一般成因.中国科学院地理科学与资源研究所.博士学位论文.2008.
[14] Patty Simpson&Geoffrey Wall Consequences of resort development: A comparative study. Tourism Management, 1999, 20, 283-296.
[15] Paul Brunt.Paul Courtney Host perceptions of socio-cultural impact，1999:(3).
[16] Baud Bovy Manuel, Lawson Fred. Tourism and Recreation Development – A Handbook of Physical Planning. Architectural Press, London, 1977.7-10.
[17] 张晓萍.试论昆明滇池国家旅游度假区的旅游文化建设，思想战线,1998,(6):37-40.
[18] 王国新.国内旅游度假区开发与管理分析.旅游学刊.1998，4:38-40.
[19] 刘家明.旅游度假区发展演化规律的初步探讨.地理科学进展,2003,22(2):211-218.
[20] 刘家明.旅游度假区土地科学利用研究，国外城市规划，2000（2）：13-16.
[21] 张凌云.试论我国度假区的市场定位和开发方向.旅游学刊，1996 ,(4): 5-9.
[22] 欧阳慧，陈收，薄湘平.旅游度假区的市场定位与发展策略研究.湖南大学学报，1998，12(4):37-41.
[23] 李瑛，郝心华.论海滨旅游度假区季节性供求特征及应对策略.西北大学学报（哲社版），2003, 33(2):34-37.
[24] 吴宇华.北海市银滩国家旅游度假区西区的环境问题,自然资源学报，1998，13(3): 256-260.
[25] 中华人民共和国国家旅游局.中国旅游业发展"十五"计划和2015年、2020年远景目标纲要.北京:中国旅游出版社.2005.
[26] R.M.Weinstein Disneyland & Coney Island: Reflections on the Evolution of the Modern Amusement Park,Journal of Popular Culture,1992,26(1):131-164.
[27] 杨振之.我们时代的休闲经济与休闲生活.旅游学刊,2007,21(9):7-8.
[28] 戴斌，刘妍.旅游的休闲市场与饭店的度假业态.中国旅游报.http://guanli.VeryEast.Cn.

西安大唐芙蓉园

大遗址旅游规划开发问题及模式探讨
——以唐大明宫遗址公园为例

文/马耀峰 张佑印

【摘要】 在分析已有研究成果的基础上，从理论和实践层面，基于旅游规划角度探讨了大遗址旅游开发的相关问题：提出大遗址旅游规划应处理好的"六大关系"和应坚持的"六大原则"；构建大遗址旅游开发的"六大途径"和旅游开发的"八大模式"；以大明宫遗址公园为实证案例，审视和讨论了其作为中国大遗址保护和利用的典型代表，在旅游开发中存在的市场、产品、营销和可持续发展等问题，并提出了相关建议。

【关键词】 大遗址；旅游规划；唐大明宫；遗址公园

作者简介： 马耀峰　陕西师范大学旅游与环境学院教授，博导。主要研究方向为旅游开发与市场，旅游者行为研究。
　　　　　张佑印　陕西师范大学旅游与环境学院旅游管理博士生。

一、引言

联合国《保护世界文化和自然遗产公约》将文化遗产分为文物、建筑群、遗址三类。其中遗址就是指从历史、美学、人种学或人类学角度看,具有突出的普遍价值的人类工程,或自然与人类的联合工程以及考古遗址地带[1]。Peter Howard认为遗址是指在一定的区域内,建筑等物质形体几乎破坏殆尽,且具有较高文化内涵的遗迹[2]。我国对大遗址的定义是指古代历史各个发展阶段涉及政治、宗教、军事、科技、工业、农业、建筑、交通、水利等方面历史文化信息,具有规模宏大、价值重大、影响深远等特点的大型聚落、城址、宫室、陵寝墓葬等遗址、遗址群[3]。大遗址的概念特征在"大"字上,其集中表现在两个方面:一是其概念内涵具有的规模性、人类文明或地区文化现象的代表性以及重要历史时期或重大历史事件的标志性;二是其概念的外延部分,在许多大型遗产地中不同类型的遗存常以相互依存形式出现。大遗址往往承载着丰富的历史信息和文化内涵,是人类文明史的主体和典型代表,不仅具有深厚的科学文化底蕴,而且具有特色鲜明的环境景观和旅游资源。大遗址的保护和利用有很多国际经验值得借鉴。如德国大遗址公园和博物馆模式;法国的遗址环境改善与遗址再利用模式;意大利的考古遗迹维护和文化、生态景观建设与保护一体化模式;美国的遗址区与绿色廊道结合,遗产廊道保护模式;日本的环境风貌协调、各具特色的史迹公园模式;韩国的文化遗址原貌保存、周围环境严格保护模式等[4]。

大遗址作为一种公共产品,其规划具有不同类型。其中,大遗址保护和利用规划一般侧重如何保护资源以及如何利用资源,而大遗址的旅游规划则侧重在严格保护的前提下,如何进行遗址资源的旅游开发利用规划。文章将主要讨论后者。

大遗址是我国文化遗产最重要的组成部分,是构成中华五千年辉煌文明的主体,是中华文明曾经高度发达并对世界文明与进步产生过巨大影响的历史见证[5]。20世纪90年代中期以来,我国遗产旅游得到了迅猛发展,遗址类旅游产品不断增多,在已公布的6批2351处全国重点文物保护单位中,有500余处是大遗址,占总数的1/4左右。从地域分布来看主要分布在北京、西安、南京、洛阳、开封、杭州和安阳等7大古都。而西安作为中国历史上建都时间最长、建都朝代最多、影响力最大的都城,其大遗址所承载的文化内涵更是世人追求向往的旅游资源,对入境游客来说更是如此。另外,西安大遗址旅游开发对于完善中国文物大遗址保护的西安、洛阳和长城、运河、丝绸之路的"两片三线"格局以及中国国内和入境旅游市场拓展具有重要的理论和现实意义。因此,本文选择西安的大明宫遗址公园作为研究案例。

二、大遗址旅游开发

文化和地理区域的差异使得中西方大遗址的遗存现状及旅游开发模式存在很大差异。西方国家的大遗址多为石质类遗存,即使残破但依然会具有很高旅游观赏价值,因此其旅游开发相对较易,仅需在环境改造、游道布置以及遗址保护方面进行投入即可。而我国大遗址多为土木类遗存,其地面遗存往往较少,即使保存了一些遗存,也大多被风化腐蚀得严重,使得旅游观赏性大大降低,所以在我国如何活化大遗址旅游资源,有效、充分地挖掘资源的旅游价值,提升大遗址资源的观赏体验、文化休闲、科普教育等功能,一直是大遗址旅游规划面临的一道难题。

(一)正确处理好六大关系

通过对我国大遗址的实地考察以及深入访谈,笔者认为对我国大遗址进行旅游开发利用,首先必须处理好六大关系:一是开发与保护的关系,应该是合理保护第一,适度开发第二;二是经济效益和社会、文化、环境效益的关系,应坚持社会文化效益为先,其他效益兼顾;三是保持先天的原真性、完整性与后天的改建、重建等的关系,应坚持原真性、完整性第一,尽量不做或少做后天扰动,除非完全丧失视觉可视化功能;四是硬项目和软项目的关系,应既重视硬项目的设计建设,又重视软项目的开发设计。五是大遗址保护规划和大遗址旅游规划的关系,应注意有效衔接和相互协调,正确处理文物管理和旅游业发展的关系。六是旅游开发与社区居民的关系,应坚持社区共建的原则,让社区居民的文化修养和生活水平在旅游开发中获得全面提升。

(二)旅游开发的六大原则

在处理好六大关系的同时,我国大遗址旅游开发同时必须坚持六大原则。一是政府主导原则。因大遗址的历史遗存往往是极其脆弱的人文资源,一旦破坏就永远不可能再重新恢复,所以政府主管部门在管理中不能出现管理职能缺位,旅游开发应坚持在政府的管理下做好规划和建设工作。二是保护第一的原则。传承历史文化是当代人的责任和义务,不能把漫长时间内形成的遗产资源在我们这代人中遭到破坏,特别是经济高速增长期内更应重视。三是人为扰动最小化原则。不管出于何种目的,对大遗址资源的旅游开发利用都应坚持扰动最小化,坚决反对破坏性开发和开发中的破坏。四是社会文化效益为先原则。不能把经济效益作为大遗址旅游规划开发的唯一目的,更要注意充分激发人文资源的社会文化功能。五是原真性和完整统一性原则。按照联合国教科文组织对世界文化遗产的要求，保持大遗址文化遗产的原真性和完整性。六是统一协调原则。大遗址旅游规划是一个很大的系统工程，涉及文物保护、城市规划、生态环境、园林设计、旅游管理、农业生产等行业部门，同时，也涉及和社区居民的关系问题。按照统一协调的原则，进行旅游规划时就必须在职能、规划、建设等方面，正确处理好各相关部门的关系，使大遗址保护区各项事业得到协调发展。

（三）旅游开发的途径与模式

1. 旅游开发六大途径

一是遗址文物保护展示的途径。对于大遗址内的文物，在采用严格保护措施的前提下，可建设必要的展示设施，集中展示遗址内文物。此途径既可以使大遗产内的文物得到很好的保护，又能充分体现其观光游憩等社会文化价值。二是遗址空间区域保护的途径。在整个大遗址的地域范围内，划分重点保护区（亦可按重要程度再划分多个不同级别保护范围）和一般保护区（影响区）两种区域；同时，也要划分出建设控制地带，把整个大遗址地域作为一个旅游观光游憩对象进行规划建设。三是在遗址内或在异地重建的途径。在大遗址内重建应严格控制，尤其是脆弱型大遗址。对此可按照在适当距离内异地重建的方法，重现遗址的概貌和风采。此法大大减少了对大遗址的扰动，又能全部或部分展现原遗址内的已经消失的文化遗存。地址选择最好在大遗址的核心区和影响区之外，尽量避免对大遗址产生影响。四是资源活化途径。能使大遗址内的旅游资源由静态展示变为动态展示，由被动参观变为主动参与体验。如场景动态展现、事件回放、氛围体验等，开展具有参与性、教育性、娱乐性的旅游活动。五是文物资源的文化演艺展示途径。在不影响大遗址保护的原则下，通过文化创作，在一定场所采用文化演艺的手段，展现大遗址所涵盖的历史文化人物、事件等。六是现代科技展示途径。采用现代数字化工程IE手段，如数字影视、现代传媒、虚拟现实、三维再现甚或计算机游戏等，在一定的场所采用三维、模拟或LED等展示手段，展示大遗址内所承载的历史文化事物或事件。

2. 旅游开发的模式

由于我国现存大遗址资源类型多样，保护现状千差万别，因而开发复杂性大，难度大。圆明园管理处宗天亮认为，把大遗址保护与改善遗址周边的生态环境、人居环境，提高当地经济发展水平和居民的生活水平相结合，实现历史文化与现代城市建设的和谐共生，成了全国人民的共识。大遗址保护与开发首先要对遗址价值形成科学评估；其次，以评估结论决定理念导向，包括"三个首要原则"，即可逆、可看、可读；"四个关系"，即残而不败、整而不齐、通而不畅、美而不丽；"五个不"，即不应为照顾现状地形而改变标高，不应为照顾功能需要而建造永久性设施，不应为结构的牢固而大量使用水泥，不应以今天的审美标准来修复历史的假山、园路和驳岸，不应以现代园林设计的概念来进行遗址公园的景观设计；再次，应按程序实施保护，立项批准进行前期文物研究与考古勘察，进行概念性设计，考古与保护应同时进行[6]。绿维创景提出了"大遗址开发六化"指导思路：经营投资主体多元化，展示技术现代化，历史积淀体验化，环境建设情境化，文化经典工艺品化，区域开发休闲化[7]。这些理念应该成为大遗址进行旅游开发的重要依据之一。具体来说可将我国大遗址旅游开发总结提升为以下8种模式。

(1) **游憩绿地模式**。在大遗址范围内，为使地下的遗产不受扰动，采用绿色植物覆盖手段，从地面上把遗址整体保护起来。此法既能有效保护地下的文物及遗址结构，又能增加绿地面积。通常适用于廊道型遗址区。如城市中心区的遗址等。另外，此法亦可提供公益性的城市休闲游憩产品，可提升遗址的公共产品功能。如北京的元大都，西安的唐城墙遗址等。

(2) **展示厅（棚）模式**。对于已经发掘的遗址现场，为更好保护其遗产原貌，在现场原址建立保护性大展示厅（棚），防止风雨侵蚀损坏文物，使土质遗址现场得到有效保护。此法可提供遗址观光游览产品，反映遗产旅游产品原始风貌。如西安秦始皇兵马俑博物馆展示等。

(3) **博物馆模式**。在遗址区之内或之外建立博物馆，主要用于陈列展示大遗址内的珍奇文物等。该法较为常用，能使遗址文物得到很好保护，并能有效宣传并传承遗址所载负的文化内涵。此法可提供文化观光或文化体验类旅游产品，可提高遗址的社会文化效益。如安阳殷墟遗址博物馆、咸阳昭陵博物馆等。

(4) **遗址公园模式**。亦称"良渚模式"，是国家文物局近些年来非常重视并推广的一种模式。它是以确保大遗址安全为指导思想，利用大遗址的客观条件，完整、统一地展示大遗址的原真性风貌，构成大遗址的系统展示园区，体现科学性和完整性。该法可提供遗址观光或遗址体验、遗址探幽访古、遗址感悟、遗址参与类等公益性旅游产品，反映了大遗址旅游开发的一种新的发展方向。如唐大明宫遗址公园、秦始皇陵遗址公园等。

(5) **重建模式**。对于一些大遗址，由于历史的原因，地面遗物已荡然无存，当今已很难看到遗址的历史文化印迹，此时

安阳殷墟博物馆

可考虑采用恢复重建模式。此模式的运用应慎之又慎，一般是在充分考古论证基础上，拿出在原遗址或异地重建方案，经各方专家讨论通过，经有关部门批准后实施。如西安曲江池遗址恢复重建的曲江南湖、曲江流饮、汉武泉、黄渠桥等历史文化景观。事件地或异地重建的园区，可成为文化主题公园。如西安曲江历史上存在久负盛名的皇家御苑芙蓉园，经重建后成为今天的大唐芙蓉园，就是一个全方位展示盛唐风貌的大型皇家园林式文化主题公园。

(6) **文化演艺模式**。为改变大遗址可能单调、静态的展示手段，可采用文化演艺方法，把文化的动态演艺活动引入遗址区内，使文化、文物和旅游有机结合，从而活化遗址内蕴含的文化内涵。此法既可提供演艺观赏类产品，也可提供参与性体验类产品。如陕西华清宫遗址内的大型实景演出《长恨歌》，就是一个成功案例。

(7) **虚拟再现模式**。利用虚拟现实等现代高科技手段，虚拟再现大遗址内的事物、事件，让游客产生身临其境的视觉感受。如甘肃敦煌莫高窟数字化工程；在建的大明宫国家遗址公园应用的环幕投影系统、虚拟视景漫游、虚拟体验漫游、360度全景虚拟场景展示、虚拟考古体验、幻影成像系统、虚拟网

成都金沙遗址博物馆

络游戏以及其他交互式多媒体展示。

(8) **参与考古活动模式**。考古活动参与模式体现的是考古体验，活动形式有参观考古现场、参与模拟考古、实地考古调查或发掘、考古探险。国内模拟考古最早开始于北京大葆台西汉墓博物馆，目前在遗址博物馆、遗址公园中普遍开展。

由于以上各种开发模式都具有不同的优劣势，因此在实际规划中往往交叉融合，多种模式共同使用，从而形成优势互补，所以在大遗址旅游规划中要根据遗址的具体特点和资源优势，恰当选择开发模式。

三、大明宫大遗址旅游开发审视

（一）大明宫：遗址公园的开发模式

现存的大明宫遗址是中国，也是世界珍贵的历史文化遗产。其面积352公顷，大致是故宫的4.5倍、圆明园的3倍、雅典卫城的20倍和罗马古城中心遗址区的2倍，其历史地位和价值自不待言。然而正是由于大明宫遗址规模宏大，其保护工作也是空前的复杂，长期以来除受到自然风化破坏外，人类活动成为其最大的危害因素[8]。另外，随着西安市唐皇城复兴计划

登封少林禅宗·音乐盛典

西安大唐芙蓉园夜景

实施，市政府北迁和道北综合开发牵引城市发展重心北移，大明宫承担着连接南北的作用，遗址面临越来越严重的侵蚀和破坏，文物保护与经济发展和环境改善间的矛盾更加突出[9-10]。

经过长期的规划设计，西安市提出一条行之有效的规划理念。即依托大明宫遗址现有格局及丰富的历史文化内涵，以保护遗址的真实性为立足点，将遗址保护与改善人民生活环境和条件相结合，对地区资源进行优化整合，以考古遗址公园的模式来对区域内大遗产进行有效合理的开发。主要开发思路为：以考古遗址公园为中心，逐步形成遗址保护、文化旅游、商贸、居住等多功能为一体的环境优美的城市新区。大明宫区域将以遗址保护区为中心，以未央路——北二环为主轴，打造六大功能区（核心商务区、综合居住区、集中安置区、改造示范区、盛唐文化区、皇城广场），形成"一心、四轴、六区"的空间形态。同时学者们对大明宫建设的社区关系、建筑高度以及建筑风格和布局等都做了详尽的研究[11-12]。

从当前对大明宫规划设计和建设结果来看，大明宫的设计理念科学合理，具有很强的可操作性，堪称我国大遗址保护利用的典范之一。但从旅游开发角度看，当前大明宫遗址开发在三个方面仍需加强。一是在重视硬件建设的同时，也要重视软件开发。大明宫遗址公园是一个承载了唐代皇家历史的场所，它的价值一方面是其建筑和格局，更重要的是其蕴含的历史事件、人物故事等，对此的展示需要的是软性的服务项目，如导游的讲解、电子解说屏以及舞台化演绎等。二是在重视建筑遗迹展示的同时，也要重视社会经济文化的展示。从目前大明宫遗址公园建设情况来看，唐代建筑风格、色彩色调均以显示出唐代皇家宫殿的辉煌及大气为主，但遗址公园内动态的社会活动、民风民俗以及礼仪风俗的展示仍需加强，而这些正是将遗产旅游从观光体验旅游转化成参与体验旅游的核心内容，因此遗址公园未来发展应重视旅游活动内容的设计。三是在重视建筑视觉冲击的同时，也要重视其他感知的效应。文化作为大明宫遗址公园的灵魂，其旅游开发就应让游客从全方位得到文化熏陶，这其中不仅要从建筑风格及格局方面对文化进行展示，同时还应从植被、色系以及灯光等入手给游客以视觉冲击，从听觉、触觉和嗅觉等多方面对游客进行感知引导，让游客获得"时光穿越"的感觉。总体来看，大遗址的旅游开发除了要集中精力做好建筑的设计和建设，更应重视参与性活动的设计和文化氛围的营造。如对大明宫遗址的历史事件、民风民俗、节庆娱乐、军事科技、礼仪习惯等文化符号进行全方位展示等。

韩国首尔昌德宫

世界文化遗产也门希巴姆古城（*Old Walled City of Shibam*）

（二）大明宫旅游规划讨论

1. 进一步厘定旅游目标市场需求

市场导向型已经成为当前旅游业发展的重要导向，大遗址旅游的开发也不应例外，只有设计出适销对路的旅游产品才能拥有丰富的市场，进而为区域提供良好的资金来源。根据笔者主持的2008年国家基金在西安获取的978份入境市场调查数据，以及2007年主持陕西社科基金在西安获取的588份市场调查问卷资料，可总结出大明宫遗址公园未来潜在游客地域分布及游客特征。从入境旅游市场来看，当前西安市入境游客主要来自美国、日本、韩国、英国、法国、德国、澳大利亚等国家[13-14]，均属于经济发达和近距离的客源国。从国内旅游市场来看，西安最主要市场是陕西省内部，所占比例为44.71%。而省外客源市场主要来自河南、山东、河北、北京、山西、四川、广东等省市，从这些省市的特征来看，国内市场也主要分布在陕西周边省市和北京、广州等经济发达区域（图1），由此得出未来大明宫遗址公园的主要市场分布也将以近距离和发达经济的区域为主。

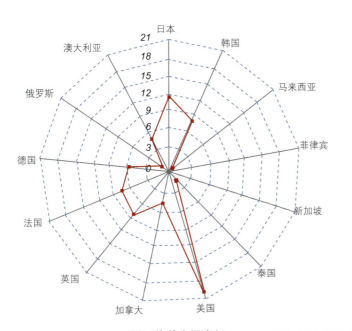
国际旅游客源市场

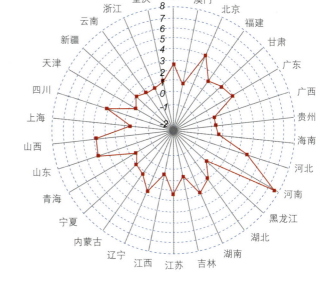
国内旅游客源市场

图1 西安旅游客源市场分布现状

从西安入境旅游客源市场结构特征来看,西安入境游客主要以年龄主要以25~44岁间为主,学历以大专及本科为主,收入水平大多数属于高收入人群。而对于国内游客来说,主要游客特征为年龄在15~44岁之间的男性游客为主,其中学历以大专及本科为主,收入水平均以低收入者为主(表1)。从旅游动机来看,国内外游客来西安均是为了满足其文化体验的旅游需求,客源群体大多数属于中青年旅游者,单一的观光性旅游已经很难完全满足这部分客源层的旅游需求,而对于参与体验型旅游产品欲望强烈。所以大明宫遗址公园的开发一定要重视观光旅游向观光体验的转变,一般旅游向参与体验型旅游的转变,进一步重视大唐文化氛围的营造。

从未来旅游市场发展趋势来看,随着郑西高铁的建成通车以及关天经济区发展规划的实施,西安旅游客源市场将迎来更大的发展,尤其是对国内市场更是如此。环渤海、长三角和珠三角均将成为西安重点国内旅游客源市场,而这些地区游客由于长期生活在大都市,高速运转的生活节奏使的他们更加追求文化体验、休闲度假,而非简单的观光。如何满足他们的旅游需求是大明宫遗址旅游开发应该重点考虑的问题。从西安旅游市场特征及发展趋势来看,未来西安旅游市场将向高收入、高学历、高体验的人群转移,这种市场也将成为未来大明宫遗址公园面对的主要市场。鉴于此,旅游开发需在营造环境氛围、活动内容等方面下更大气力。

表1 西安市旅游市场特征分析

特 征	入境市场	国内市场
男性	47.24	56.21
女性	52.76	43.79
14岁以下	1.25	0.51
15-24岁	14.95	45.03
25-44岁	45.98	44.52
45-64岁	31.48	8.22
65岁以上	6.34	1.71
高中及以下	16.55	21.75
大专和本科	38.38	67.81
硕士	24.93	8.56
博士	7.38	1.88
低收入	18.66	53.87
较低收入	20.55	21.48
中等收入	19.97	12.32
较高收入	16.03	6.51
高收入	24.78	5.81

2. 设计针对性更强的旅游产品

唐大明宫遗址作为一个时期历史的见证和载体,历史文化内涵是其最大价值。只有将这种价值体现出来才能发挥大明宫旅游功能。从历史文化的内涵来看,历史文化主要是指古代人类创造出来的所有物质和精神财富的总和,一般包括物态文化层、制度文化层、行为文化层和心态文化层等四个层面。大明宫遗址旅游开发更是需要从这四个层面入手,设计出更多反映历史文化特色的旅游产品。

浓烈环境氛围再营造:环境氛围是历史文化资源展示的核心内容之一,只有在特定的环境氛围下才能展示出特定时期历史建筑的神韵与风姿。环境氛围应从视觉、听觉、嗅觉和触觉等多方面切入,构造一个强烈的历史文化"场",利用其浓烈的历史文化气息,令游客能被感受、被刺激,从而产生文化体验和升华。

旅游开发内容再拓展:对于大明宫内部旅游活动的开发设计,应该依托打造文化大戏、建设文化街区、设计文化参与性活动、举办大型节庆活动、突显数个历史名人、演绎几个历史事件来进行,从而将大唐的历史再次浓缩,形成大遗址旅游开发的多元化模式。

3. 公关营销的进一步强化

传统与现代公关营销两手抓，树立大遗址公关形象，重点强化现代公关营销的作用。首先，可以利用现有网络进行网络公关营销，把历史文化和古老的建筑进行数字动态展示。第二，可通过现代化媒体方式进行公关营销，如制作电视宣传短片，请电视台的记者对大遗址进行专题报道，编辑手机短信等多种形式对大明宫遗址公园的最新动态进行宣传。第三，可引用名人效应宣传，具体可邀请各界文化名人，如演艺界的成龙、文化界的文怀沙等到大遗址旅游[15]。第四，还可模仿西安大唐芙蓉园邀请政界领导开展游园等活动。第五，可运用大事件营销宣传方式，通过策划一些唐文化艺术节来吸引海内外华人关注唐文化、体验唐文化，进而关注大明宫遗址公园。最后，可利用各地的国内、国外旅行社和政府单位进行友好宣传促销，向游客发放精美的宣传手册、影像资料以及旅游纪念品等。

4. 旅游开发更趋理性

从旅游对区域的影响来看，任何形式的旅游开发均会对旅游目的地环境造成一定的影响。对于唐大明宫遗址来说，全世界仅此一处，具有绝对的垄断性。所以若旅游开发对其造成致命性的破坏将不仅对当代人是一种损失，甚至对后代人了解唐朝、认识唐文化都造成不可弥补的影响。所以对大明宫的旅游开发应更趋理性，减少急功近利、急于求成的旅游开发行为。从大方向来说，大遗址旅游开发不应把遗址保护区内的经济效益放在首位，而是应该将保护和社会文化效益放在首位，各部门（如林业、农业、土地、城建、规划、水利、交通、旅游等方面）应紧密结合、相互协调，共同促进对大明宫遗址的保护开发。具体来说在景区管理上应采取更行之有效的游客管理措施，如严格根据环境容量对游客的数量进行限制等。具体可通过两种方式实现控制游客数量的目标：一是通过价格来调控。二是借助多种宣传方式来调控，尤其是人性化宣传以提高旅游者遗址保护意识。

四、结论及探讨

大遗址作为一项重要的历史遗产，如何使其发挥历史文化作用，为世人提供凭吊历史、感受历史恢宏气象的场所，进而开发成为广受旅游者欢迎的旅游产品，是当前大遗址旅游规划所面临的主要难点问题。本文在分析已有研究成果的基础上，从旅游规划角度探讨了大遗址旅游开发的相关问题。

（1）提出大遗址旅游规划应处理好的"六大关系"和应坚持的"六大原则"。

（2）提出大遗址旅游开发的"六大途径"和旅游开发的"八大模式"。

（3）以大明宫遗址公园为实证案例，审视和讨论了其作为中国大遗址保护和利用的典型代表，在旅游开发中存在的市场、产品、营销和可持续发展等问题，并提出了相关建议。

大遗址只有让当代和未来人感受到一定的精神愉悦体验，让更多的人认识和了解遗产的历史文化特色，形成具体旅游产品，才能发挥大遗产的自身价值。而大遗址公园是遗址保护的理想手段之一，当前遗址公园缺乏软性内涵，从环境氛围、活动内容、市场影响以及游客管理方面还需加强。

大遗址旅游开发和保护是一个博弈的矛盾体，如何在开发中起到保护的作用，在保护的同时发挥遗产的旅游价值，仍是当前和未来旅游规划需要研究的重点问题，这个议题值得学者们为之继续进行深化探讨。

参考文献：

[1] 张成渝,谢凝高.世纪之交中国文化和自然遗产保护与利用的关系.人文地理,2002,(1):4-7.
[2] Peter Howard, David Pindar. Cultural heritage and sustainability in the coastal zone: experiences in south west England. Journal of Cultural Heritage. 2003, (4): 57-68.
[3] 王京传.大遗址旅游:保护与开发的协同实现.社会科学家,2009,(1):92-99.
[4] 权东计,霍小平.大遗址保护与旅游业可持续发展初探—汉长安城保护与利用规划.西北建筑工程学院学报(自然科学版),2001,18(4):65-69.
[5] 陆建松.中国大遗址保护的现状、问题及政策思考,复旦学报(社会科学版),2005,(6):120-126.
[6] 投融资.大遗址旅游开发异军突起.中国旅游报, 2008-10-31 (12).
[7] 王京传.大遗址旅游：保护与开发的协同实现.社会科学家,2009,(1):92-96.
[8] 张亚武,王子君.大遗址保护,保护中国人的文化之根.洛阳日报,2009-9-2(01).
[9] 张伟. 文化遗产保护完全可以成为社会经济发展的推动力.中国文物报,2005-8-24(01).
[10] 王西京. 大明宫遗址与周边地区的保护改造规划.建筑与文化,2008,(3):13.
[11] 孙福喜. 大明宫遗址与周边地区的保护改造规划.建筑与文化,2008,(3):13.
[12] 王军. 遗址公园模式在城市遗址保护中的应用研究—以唐大明宫遗址公园为例.现代城市研究,2009,(9):50-57.
[13] 马耀峰,李天顺等.旅游者行为.北京：科学出版社，2008.
[14] 张佑印,马耀峰. 基于4P的中国入境旅游市场营销[J].旅游学刊,2009,24(4):8-9.
[15] 王晓川,钱方,吴文等.浅析历史文化遗产保护区域的规划发展路径—以西安市大明宫区域规划设计为例.城市建筑,2008,(2):28-30.

今天你想在哪里下榻？
海底下？冰窖中？还是沙漠里？

在苏丹的沙漠里，Bajrawiya金字塔附近，有一座用当地泥土与草木材料建成的意大利村酒店（Italian Village Hotel），利用沙漠、金字塔与阿拉伯文化体验，留给不远千里前来度假的游客以深刻记忆。

苏丹 Bajrawiya 金字塔附近的 Italian Village Hotel

走向体验的旅游建筑

文/王珏

【摘要】 旅游建筑作为承载整个旅游活动的重要部分,日益强调"体验"的质量,这体现了在越来越高的旅游需求下的一种品质的体现和功能的回归。本文从体验是一种趋势,体验是一种必然,体验缔造新品牌,体验创造新规则四个方面论述了设计的品质将决定体验的品质、品牌的塑造和收益的获得。三里屯Village等一些富有体验的建筑物成为旅游吸引物;迪拜的伯瓷酒店、希尔顿、悦榕庄、阿曼这样世界顶级品牌充分把握了旅游建筑的体验质量和设计感受,成为旅游者关注的焦点;世贸天阶的一系列高科技审美体验也对建筑和相关设计行业提出了新的规则。在人类跨入"泛旅游"时代后,高水准的设计将会创造文化的、美的体验,而富有体验性的建筑将会改变旅游活动的开展。

【关键词】 体验;旅游建筑;品牌

一、体验是一种趋势

既然是一种趋势,就不是单纯几个孤立的问题。

今天,当翻开各类旅游和时尚类的杂志、去搜寻这次或是下次出游的目标时,我们除了对那些传统意义上的"旅游目的地"、"旅游景区"仍有向往之外,不可否认,我们的眼光也会经常被那些富有特色的商业区、旅馆、餐厅、酒吧……所吸引。到了一个地方,如果时间允许,就一定要选择一个富有当地特色、或是富有设计创意的地方"找找感觉"的观念和做法已经被人们普遍接受。这样,越来越多被命名为"主题旅馆(Theme Hotel)"、"精品酒店(Boutique Hotel)"、"民俗客栈(Folk Inn)"、"创意餐厅(Creative Restaurant)"、"怀旧酒吧(Nostalgia Bar)"……的场所在全国各地涌现出来,虽然品质良莠不齐、品位差别悬殊,但建设和经营者希望通过为人们带来某些特殊体验、并从中获得收益的目的还是相当明确的。

除了旅馆客栈餐厅等开始强调体验外,与旅游相关的其他类型建筑物,参观展示型的如博物馆、展览馆,娱乐型的如游乐园、大型影视基地,服务型的如游客服务中心、车站、售货亭、甚至公共厕所,等等,也都开始越来越注重建筑给予人们的整体印象(在那些特别的文化地区,尤其强调设计对地方文化的体现),这虽然与获取更多收益没有直接的关系,但这样的配套设施提升了地方形象,也使人们的旅途中有了更多值得回忆的东西。

二、体验是一种必然

事实上,日益强调体验的意义与价值,这本来就是旅游活动对"旅游建筑"的客观要求。

当所有的旅游研究都在强调"体验(experience)"的质量对于整个旅游活动的重要意义时,旅游建筑作为承载整个旅游活动的重要部分,其所起到的作用不可忽视。换句话说,由于旅游活动本身就有较强的体验需求,因此,作为承载旅游活动的旅游建筑也需要更富有体验,这不是一种强加于建筑上的要求,而是一种品质的体现和功能的回归。但正是这种源于根本的要求,使得我们的建筑开始在功能之外承担起一些更高的、精神方面的责任,建筑内涵得到全面的升级。

与此同时,在现代"体验经济"的浪潮下,一个潜在的规律不可忽视:具有特殊体验价值的建筑物,无论其本身的功能如何,都有可能变身为人们试图去参观旅游的对象。这样,那些为旅游服务的建筑系统、甚至与旅游无关的建筑系统,都可能在体验的光芒下变成某种"建筑吸引物"。通俗地讲:无论这个建筑物是做什么用的(无论它是与旅游相关的酒店、度假村……,还是与旅游毫无关系的住宅、办公楼……),只要具备了值得体验的方面,都有可能使其从一个其他功能的建筑物,变身成为一处具有吸引力的旅游景点,变成"旅游建筑"。这样,我们就不难解释:为什么踏入迪拜的七星级酒店伯瓷酒店(Burj Al Arab Hotel)参观需要付出平日100Dhs、节假

作者简介:王珏 清华大学建筑学院博士,大地风景旅游景观规划院副院长。

日200 Dhs（1Dhs 约合 2.25 元人民币）的门票；为什么几十年前由墨西哥著名建筑师路易斯·巴拉干（Luis Barragán）设计的那些私人别墅和教堂今天已成为世界文化遗产和当地重要的旅游景点；为什么三里屯Village总是吸引着各种不同肤色的人群……

旅游需要富有体验的旅游建筑；富有体验的建筑物将有可能成为旅游吸引物；"人们一直在寻找不一样的体验，愿意并且已经在为之付钱"。这就是促使"体验成为必然"的逻辑。

三、体验缔造新品牌

对于那些营利性的旅游企业，如酒店、度假村等而言，如何为游客创造新的体验也成为树立品牌、获得高额利润的关键。

从理论上讲，一个"品牌"的成功，离不开对人们注意力的吸引。今天，当信息过剩得早已不再是稀缺资源，只有一种资源是稀缺的，那就是人们的注意力。吸引人们的注意力往往会形成一种商业价值，获得经济利益，这样注意力往往又会成为一种经济资源，这就是"注意力经济（the Economy of Attention）"产生的原因，也是许多旅游品牌成功的所在。我们需要提供一些特别的东西，容易让人们通过口头或者媒体传播出去，这样才能够获得人们的关注，或者被人记住。而如果这些被人们广为传播的体验本身是令人向往的，"品牌"才能成功。事实上，一些优秀的旅游建筑物的品牌影响已经不仅仅局限于为其经营者带来好处，迪拜的伯瓷酒店，除了为自身赢得了大量的顾客之外，也作为一处独到的地标，"让全世界重新认识了迪拜"。

树立自己的品牌，对许多企业的生存至关重要。在竞争空前激烈的市场上，品牌是人们关注、信任、从而做出选择的一个砝码。良好的品牌使得企业得以脱离纷扰的价格战，不再仅仅为维持生存而耗尽全力；品牌也代表了一个企业的品位和理想，通过宣扬这种品位并传播这种理想，不同的品牌会拥有自己不同类型的客户。而能够使得品牌得以确立并保持持久繁荣的要素中，"体验的创造"功不可没。在许多没有个性的"豪华大酒店"门可罗雀、缺少客户、不断降价、惨淡经营的同时，另外一些知名酒店和度假村却吸引着世界各地的人不远万里、不辞辛劳、挥金如土、还得提前预约地过来感受，这不仅是品牌的号召力，也是体验创造的吸引力。

四、体验创造新规则

人们对体验的越来越高的需求已经开始作用到旅游业的发展上。

随着外出旅游和度假成为生活中一项常规性活动（或者说，是人人都能够享有的活动），越来越多的人开始对整个活动过程中的感受提出更高的要求。由于旅游产品的提供者日益多元，游客的选择范围和类型也逐渐宽广，地方的旅游业和旅游企业要想更长久地繁荣发展、在日益激烈的竞争环境中分一杯羹，就必须由现在的粗放状态，向更为精细的方向转变。在食住行游购娱的各个层面，我们不仅要强调其配套性、合理性以及服务的质量，同时也需要强调如何能够为游客提供全程的体验。当人类跨入这个全新的"泛旅游"时代后，能够向游客提供"全景式体验"的地方和企业将成为最大的赢家。"全景式体验"包含了整个旅游区域的空间环境、设施设备、服务体系等硬件和软件的诸多方面，涉及活动中许多细节给人们带来的各种感官体验和心灵享受：舒适的、特异的、文化的……总之，新时代旅游消费需求因体验而升级，旅游发展模式的转型和提升已是必然。

体验的需求也对建筑和相关设计行业提出了新的规则。

迪拜的七星级酒店伯瓷酒店（Burj Al Arab Hotel）树立的不仅仅是自身的品牌，它的诞生让全世界重新认识了迪拜。

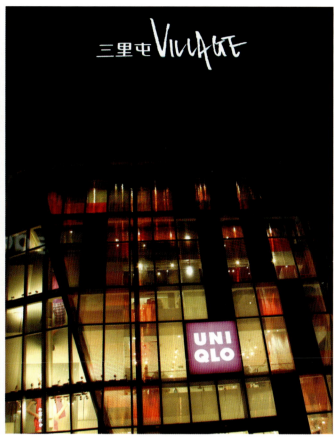

作为北京的时尚地标，Village用它特有的生活理念和文化，给人们带来特殊的潮流体验 （王珏 摄）

既然体验关系到旅游企业的生存、体验成就旅游产品的品牌，那么营造旅游场所体验效果的最至关重要的因素——旅游建筑的设计也就具有不可推卸的责任。在我国，从东到西、从南到北，已经有了太多内容雷同而感觉乏味的旅游建筑，而粗劣的"克隆"仍在大规模地进行着。正是这样司空见惯的做法，使绝大多数的旅游建筑失去了它可以具备的性格，人们在其中毫无体验，而很多商家也就陷入了"降价、再降价、否则客人不来"的被动局面中。令人欣慰的是：体验的需求已经向建筑和相关的设计行业提出了更高的要求，在设计行业竞争也日益激烈的今天，只有适应新规则的建筑设计企业和设计师，才能够在未来得到展示和发展的机会。

在体验推动的这场设计行业的优胜劣汰中：那些平庸的、缺少甄别能力、只知照搬照抄、不负责任的设计者将被无情淘汰；那些只会埋头画图、缺乏创新思想和学习能力的设计者也会逐步出局；成功仅属于少数有理想的、有睿智的洞察力和创造力、在整体的发展思想和设计细节中游刃有余、并且愿意为完成某个设计作品而义不容辞地投入精力的个人和团队。要知道，优秀的设计要求设计师必须很好地安排功能布局，营造良好的景观效果，控制建筑整体的尺度、色彩、形态、空间等主要因素，也同时需要对每一盏灯、每一件家具和装饰品都有细致入微的刻画。除了熟悉相关的指标、行业规范、工作流程和工程技术外，建筑设计师必须对大众的心理需求、审美需要有切实的把握，具备相当的策划力，能够有活跃的思路、并有能力创造出新的体验。

体验的需要也改变了许多固有的东西。比如：为达到某种特殊的效果，更多的人参与到场所的设计和建造中来。在北京CBD的世贸天阶，那条长250米，宽30米的巨型LED显示屏，有策划者的梦想，有设计师的工作，更有科技人员的智慧在其中。除此以外，各种不同的设计之间的协调变得更为重要。建筑与景观环境、室内空间、家具、装饰品等等，都需要相互照应，单纯的分项设计方式开始逐步向"系统解决方案"迈进。

最后，体验也给旅游建筑的设计提出了新要求。设计师对体验质量和设计感受的把握成为值得关注的焦点。

早在2001年，作为世界最著名的酒店品牌之一的希尔顿酒店（Hilton Hotel），对未来酒店建筑和室内设计提出了"时尚而非简约的设计、清新并有地域特色"的要求。这里需要注意的是：尽管当年正是"简约设计（Simple Style）"在全世界流行的高峰期，但希尔顿没有去赶这个时髦，而是从更多酒店客人的需求和更长远的发展考虑，强调现代的、有当地文化体验的、高雅的、有时有些奢华的设计方式。这是一种年轻而并不前卫的选择，决不是为了吸引人的眼球而采用故作姿态搞怪吓人的方法。希尔顿用了更多的精力去打造它宏大的公共空间的特别感受，让人性化的细节关怀、建筑室内外的特殊交流成为客房改革的重点，把很多充满想象力的亮点安排在适当的地方令人难以忘怀。作为拥有大量忠实客户的世界品牌，在经历了这些年的检验以后，希尔顿充分证明了这种选择的成功。

类似的实例还有世界著名的悦榕庄度假（Banyan Tree Resort）系列、阿曼（Aman Resort）系列等等，它们的风格"高雅矜持，却很低调"，"每一次选址，每一座建筑的改造，每一家酒店的设计，首先要对当地文化进行考察研究，力求将本土的人文精神与自然景观达到最完美契合"，"建筑都是量身定做的，而不是批量生产，根据气候环境地理位置的不同，设计不同风格的作品，每一个项目都有它自己的性格"。因此它们在全球都拥有一批痴心的粉丝，以到过多少家Banyan Tree或Aman酒店为荣。在这些顶级的度假村里，文化的体验、美的体验、舒适而内敛、低调与含蓄是永恒不变的主题。

之所以以希尔顿、悦榕庄、阿曼这样世界顶级品牌为例，是想说明旅游建筑的体验质量和设计感受是必须加以把握的。在我国，在许多缺乏思想和审美的经营者脑海里、在那些设计拙劣的设计师眼里，只要是搞出了某种别人"意想不到"的东西就算是有体验了，这显然是极端错误的。很多的"体验"因为丑陋、低俗、无聊、恐怖可能让人们第一眼感觉"很吓人、很刺激"，但建筑毕竟不是一张前卫的先锋派绘画作品，除了需要大得多的投入之外，旅游建筑是需要被人们长期使用的。若是追求体验的方向出了问题，投入越多，结果只是浪费越大。

今天，优秀的设计师的品牌也将成为旅游建筑的品牌基础。在马德里落成的塞肯普埃尔塔酒店（Hotel Silken Puerta America）是欧洲巨头塞肯酒店公司（Hoteles Silken）集中体现其"关注设计与卓越服务"的一项作品。这是一个由19个建筑和设计工作室倾力打造的设计型酒店，被称为"史无前例的、能够点燃想象力并激发思考的场景"。酒店的每一个地方（大堂、餐厅、每个楼层的客房等）的效果都是不一样的，由不同的设计师和设计团队来完成，其中包含了扎哈·哈迪德（Zaha Hadid）、诺曼·福斯特（Norman Foster）、矶崎新（Arata Isozaki）等世界知名的建筑设计大师。酒店的成功令塞肯酒店"感到万分自豪和欣慰"，而宾客们也无疑"体会到置身于一个真正独特的场所的感受"。

简言之，什么品质的设计将提供什么品质的体验、塑造什么品质的品牌、获得什么样的收益。

设计创造体验，建筑改变旅游。

在这处标识着"生活向上看，时尚向上看，品味向上看，美食向上看，创意向上看……全北京向上看"的灰空间里，天幕为整条商业街带来富于梦幻色彩的效果，这种创意，是现代科技才能成全的特殊艺术。　　　　（王珏 摄）

普吉岛悦榕庄 *by Banyan Tree Media Library*

设在阿联酋迪拜国际机场内的 *Dubai International Hotel*

云南香格里拉悦榕仁安藏村度假酒店

马尔代夫天堂岛建在碧海中的度假客房

云南丽江悦榕庄度假酒店

九寨沟九寨天堂洲际大饭店

旅游规划设计的质量保障与控制体系研究

文/石培华 郑斌

【摘 要】 旅游业地位的提升和发展速度的加快，使得旅游规划的地位彰显。在旅游规划发展过程中还存在着一系列的质量问题。本文全面分析参与规划的三方主体——政府主管部门、委托方和编制方——在规划编制六个阶段过程中各自扮演不同的质量控制角色，从而构建旅游规划设计的质量保障与控制体系。

【关键词】 旅游规划；质量控制；编制流程

与蓬勃发展的旅游业相比，我国的旅游规划相对滞后，旅游规划设计的质量水平不一，没有能够很好的起到推动和指导旅游业发展的作用。当前，旅游规划设计的质量保障与控制体系建设成为我国旅游规划实践中迫切需要解决的问题，它的成熟和完善是旅游规划学科成熟的标志，对推动旅游业科学持续发展意义重大。特别是随着国务院出台《关于加快旅游业发展的意见》，旅游业战略地位得以提升，急需高水平的旅游规划与设计做指导，旅游规划设计的质量保障与控制体系的研究更显重要。

一、研究背景与意义

（一）研究背景

首先，旅游规划的地位越来越重要。旅游规划在经相关政府审批后，成为该区各类部门进行旅游开发、建设的法律依据。在我国旅游业快速发展的过程中，它直接关系到我国旅游资源怎样合理的分配、建设和利用。规划成为旅游业宏观管理的重要手段，其地位越来越重要。

其次，旅游规划的质量存在一系列问题。我国的旅游规划始于20世纪80年代，发展至今不过30余年。旅游规划发展迅速，但基础薄弱，市场发育不完善，存在着法制保障不足、管理制度粗放、水平参差不齐、社会认识不足等一系列问题。

最后，具备了提出质量保障体系的条件。旅游规划走的是一条市场驱动、内外结合的道路，从没有规则到制定规则，从没有理论到总结理论、引进理论，从没有方法技术到多学科踩着石头过河探路前进。当前规划队伍越来越专、投入越来越大、技术越来越新，具备了提出质量保障体系的条件。

（二）研究意义

随着规划日益受到重视，学界对旅游规划质量保障与控制的研究也日益增多。相关学者分别从行业管理、制度建设、规划主体的风险经营机制、全面质量管理等不同角度对此进行了研究。

国内最先对旅游规划质量问题进行研究的学者是刘德谦，他认为旅游规划不能过于依托城市规划的套式，并提出"概念性旅游规划"的主张，实施旅游规划的单位资质制度是不完整的，应该首先确立规划师的个人资质[1]。彭德成从市场规范、人才协作、理论研究、实施力度等四个方面分析了旅游规划工作存在的主要问题，并从宏观管理与行业引导的角度，提出了八个方面的市场性对策[2]。刘德秀认为旅游规划市场缺乏完善的制度规范、部分规划人员素质偏低、旅游规划评审制度不健全等因素导致部分旅游规划结构不完善，内容不完整、雷同、缺乏创新、不切实际等质量问题[3]。林越英认为要

作者简介：石培华 中国旅游研究院副院长，研究员，博士，研究领域为区域旅游规划、旅游政策。
郑 斌 中国旅游研究院科研秘书，硕士，研究领域为旅游地理。

从宏观管理的政府主管部门，微观管理的委托方和被委托方三个方面采取手段和措施，加强旅游规划全过程的科学有效管理[4]。陈国生运用全面质量管理原理，提出解决旅游规划质量问题的措施[5]。栾坤、熊礼明则认为，旅游规划总体质量偏低与旅游规划单位的无风险经营有关，要在旅游规划市场中引入风险经营机制以规范旅游规划市场，以促进旅游规划质量总体水平的提高[6]。师守祥认为是《旅游规划通则》存在的缺陷导致旅游规划质量问题[7]。

总的来看，对规划质量的研究数量少，且大部分都是从某一个方面所进行的研究，深入不够，尤其是理论与实践结合的研究少。基于此，笔者结合十余年规划工作实践，力图第一次系统提出旅游规划质量保障与控制体系。

二、旅游规划编制流程与质量问题分析

（一）编制流程

我国的旅游规划编制工作，一般是三方参与、六个阶段。三方分别是政府主管部门、规划的委托方、规划的被委托方（编制方）。其中，政府主管部门是指国家、地方省市主管旅游的行政部门，负责制定旅游规划的相关制度、法规；委托方即旅游规划的需求方，又称甲方，主要包括各级人民政府、旅游局、旅游开发商、投资商等；被委托方（编制方）即旅游规划设计单位，又称乙方，包括获得旅游规划设计资质的高等院校、科研院所、专业公司等。

规划编制的六个阶段主要包括：一是任务确定阶段，通过招标或委托的方式确定编制单位并签订合同。二是前期准备阶段，实地开展资源及客源市场的调查，研究政策法规。三是规划编制阶段，确定主题、目标、空间布局、产品开发方向、重点项目，形成发展战略，撰写文本。四是征求意见（中期评估）阶段，广泛征求各方意见，对草案进行修改和完善。五是规划评审阶段，由上一级旅游行政主管部门确定评审专家，通过会议评审方式，讨论、表决通过规划，并形成修改意见。六是规划报批阶段，委托方按照相关规定报人大批准实施。

旅游规划的质量是编制参与三方、六个阶段共同作用的结果，每个参与方和每个发展阶段各有重点，无论哪一个出问题，都有损于最终成果的实现。图1很好地说明了旅游规划编制的参与三方、六个过程之间的关系。

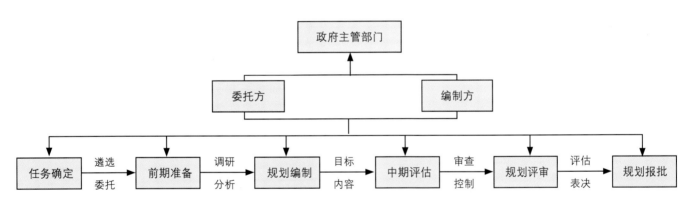

图1 旅游规划编制参与方与编制流程图

（二）质量问题分析

质量，简单地说就是产品或工作的优劣程度。旅游规划的质量同产品质量、服务质量一样，必须通过控制、保证和改进等一系列手段来实现其所有功能，从而发挥作用。

1.任务确定阶段

一是政府主管部门对规划编制的准入制度不严，甲乙丙级资质仅是对规划设计单位而言，缺乏对规划人员的资质认证。二是委托方招、投标的开放透明度低，"人情项目"、"长官项目"很多。三是规划编制的费用缺乏标准，无序的价格造成恶性竞争。

2.前期准备阶段

规划编制的前期准备阶段最大的问题是编制方的实地调研不充分，基础工作不踏实，不能保证有足够的调研时间和人员。一些规划设计单位甚至不做调研，只是简单地从地方相关行业主管部门索取现成的统计数据，不加分析地直接采用这些统计数据来进行市场预测和社会经济效益分析，规划的科学性自然是很难保证的。

3.规划编制阶段

这一阶段的问题，主要是编制方人员构成单一，人员少，专业面窄，缺乏各方面的资源整合。规划是创意的产物，是团队的智慧，但现状情况很多是真正的专家不参与，小青年在做大规划。其次是《旅游规则》略显过时，造成编制方规划方法、程序、内容、技术的不规范。还有就是编制方与委托方缺乏沟通和交流，规划的内容雷同，缺乏创新，不能指导实践。

4.征求意见（中期评估）阶段

首先是委托方对规划的理解不专业，对旅游规划的科学性认识不足、需求不清，不尊重客观规律，盲目求大，领导人意图过强（甲方用合同"绑架"乙方）。其次是在征求完委托方的意见后，编制方缺乏二次调研，造成规划的修改还是停留在表面，实施难度大、可操作性不足、落地困难等问题依然得不到解决。

5.规划评审阶段

规划评审阶段理应是控制和保障规划质量最为重要的一个环节，但是相关制度的缺失使其成为规划质量控制最为薄弱的一环。现行的规划评审采用会议评审的方式，且大部分由编制方请专家（乙方用程序"绑架"甲方），加之规划评审缺乏标准，没有专家之外的公众参与，没有第三方监督，从而造成所有的规划都是"领导满意，专家高兴，评审通过"。

6.规划报批阶段

规划文本的编制完成，只是规划工作的第一步，最重要、最艰巨的工作还在其后的规划落实。但现在很多旅游规划评审通过后却成为相关部门或是领导的案头摆设，规划没有得到实施。再有，编制方在完成评审后，缺乏跟踪规划的落实情况，售后服务的缺失也是造成规划质量不高的重要原因。

三、质量保障与控制体系构建

通过对编制六个阶段问题的分析，可以发现，政府主管部门、委托方和编制方在规划编制的六个阶段各自扮演不同的质量控制角色。首先，政府主管部门是宏观质量控制的管理者。一是通过资质准入制度把握"入口"，规定什么样的人和机构有资格编制规划；二是通过评审会议把握"出口"，评定什么水平的规划能够被通过和报批；三是通过制定规则，确保规划的内容体系。其次，委托方是一种过程质量管理，通过招标、审查、评估、预审等过程的控制对规划的质量进行管理。最后，也是最为重要的，被委托方（编制方）的编制管理是质量保障最为关键的因素。基础工作的落实、规划人员的组成、规划时间的保证等等，直接决定了规划质量的高低。下文围绕决定旅游规划质量的三方、六个过程，建立质量保障与控制体系。

（一）政府主管部门的宏观质量管理

政府主管部门的宏观质量管理主要围绕三个方面展开。一是制定准入制度，二是相关的标准化制度，三是制定评审制度。

1.准入制度

既要有旅游规划单位/机构的资质认证，还要有对从业人员的个人资质认证，同时还要制定旅游规划质保金制度，全方位加强对旅游规划与设计的准入管理。

2.标准化制度

加强可控指标的标准化制度，规范旅游规划的方法、程序、内容和技术。优化和提升现有的《旅游规划通则》、《旅游资源分类、调查与评价》、《旅游发展规划管理办法》。

3.评审制度

改变以会议评审为代表的专家评审形式，设立第三方评审制度，同时加强社区、公众参与机制，增强旅游规划评审的客观性。建立规划业绩的公示制度，全方位加强对规划评审的质量管理。（请参看图2）

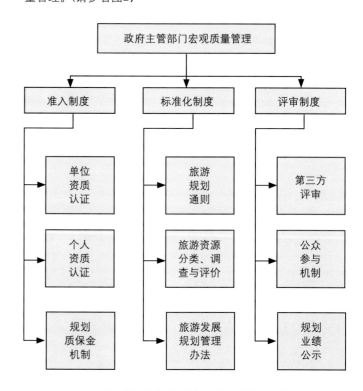

图2 政府主管部门的宏观质量管理体系

（二）委托方的过程管理

规划委托方的过程管理主要是指招投标选拔过程中的质量管理、编制过程中的监督管理，以及评审过程中的跟踪管理。

1.选拔过程管理

一是对旅游规划单位的总体实力进行全面、细致的考察，主要包括：旅游规划人员素质，如年龄、学历、学位、专业特长等；旅游规划单位的整体和个人的科研水平、科研成果，已经有的旅游规划成果等；旅游规划单位的办公设施、设备，即硬件条件；进行必要的面谈，以深入了解旅游规划人员的详细情况。二是选拔过程公开透明，重视对规划协议的管理。

2.编制监督管理

规划编制过程中，委托方要提供详实的基础材料；要客观公正、不以长官意志为出发点，在充分尊重专家的基础上参与编制过程；多方讨论，合理建议规划编制的框架和内容；还要对规划编制的时间进行监督。

3.评审多方参与

专家会议评审过程中，专家往往就规划方案中的技术性问题进行评议，对方案所涉及的一些利益问题很少探究，使得一些真正与规划方案利益有关的公众很难参与评议。因此，规划评审必须多方参与，重视专家之外的建议。（请参看图3）

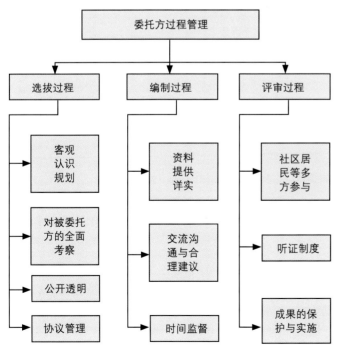

图3 委托方过程管理体系

（三）编制方的内部质量管理

在政府主管部门和委托方的流程控制的基础上，通过智慧集成和基础工作的夯实，建立编制方的内部质量管理体系。

1.规划队伍质量保障机制

旅游规划是一项牵涉众多行业和专业的系统工程，规划的质量首先在于规划人员的素质，而规划编制组的专业组成是关键。一项旅游规划的编制，需要不同专业人才取长补短，集成智慧，协同配合。这要集成规划组成员、各级政府部门、相关企业、游客、社区居民、外国眼光、其他专家、已有规划成果等八方面的思想智慧。

一是通过制作评估表由专家独立填写并打分，针对考察对象每天召开研讨会，编制规划过程中按专业分工推进，针对重要问题进行专题研讨，考察过程中每个专家撰写调查报告，集成规划组成员智慧。二是通过与各级政府座谈，各级政府与旅游局的诉求调查，各阶段规划成果征求意见，集成各级政府部门智慧。三是通过召集相关企业座谈，相关企业诉求调查，各阶段规划成果征求意见，集成各相关企业智慧。四是通过游客市场问卷调查，规划方案的市场调查，公开招募创意方案，集成游客智慧。五是通过社区居民问卷调查，规划方案的公开咨询，访问或小型座谈会，集成社区居民智慧。六是通过邀请外国专家参与考察，针对国际旅游目的地进行交流研究，充分利用外籍专家对该区域旅游发展的研究和建议，对外国游客开展调查，网上相关观点的搜索，给相关领域专家发放调查表，集成国外专家智慧。七是通过对已有规划的重要结论、重要定位的继承与发展，对重要项目的吸收与提升，对重要布局的继承与优化，集成已有规划成果智慧。八是通过关键环节召开专题研讨会，充分利用与研究二手资料，给相关专家发放咨询表，集成其他专家智慧。

2.基础工作质量保障机制

基础工作是确保旅游规划质量很重要的环节。通过全面覆盖的实地考察、重点领域和地域的详细调查、横向比较、系统分析与综合研究、利益相关者的诉求调查、游客市场调查、相关规划和研究成果的搜集分析等确保基础工作的质量。（请参看图4）

四、结论与建议

（一）结论

本文通过对旅游规划编制过程的全面分析，建立政府主管部门、委托方和编制方三方全面联动的旅游规划设计质量保障

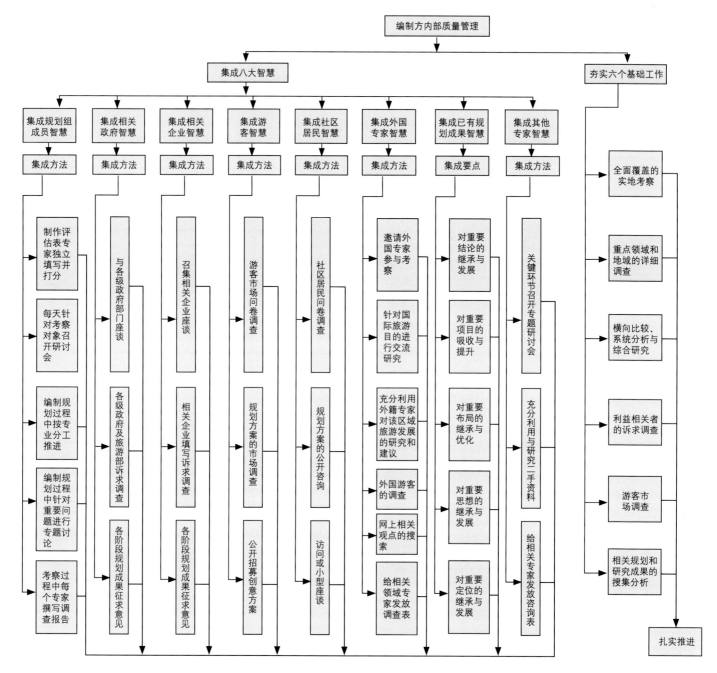

图4 编制方内部质量管理体系

与控制体系。其中,政府主管部门的质量管理主要围绕准入制度、标准化和评审制度展开;委托方通过选拔过程、编制过程和评审过程进行监督管理;编制方通过智慧集成和夯实基础工作建立编制方的内部质量管理体系。

(二)难点与建议

1. 修改《旅游规划通则》

现行的《旅游规划通则》是个"早产儿",存在重大缺陷。首先是缺乏理论支撑,《通则》的指导思想带有很强的计划经济体制烙印,也没有可供依托的技术体系。其次,从实践层面看,《通则》中的绝大多数要求脱离了我国旅游规划多头管理的现行体制,导致旅游规划的执行效果不佳。最后,从实施的结果看,《通则》在推动旅游规划事业的发展同时,没能很好地造就旅游规划人才队伍。当前要在建立健全《旅游规划通则》的基础上,对其进行修改和完善。要根据国内外旅游规划管理的发展趋势,按照旅游规划编制管理的基本规律,应用全面质量管理的基本理念,确定旅游规划编制过程中每个环节的主要内容、任务要求、质量标准和评价细则。

2.制定旅游规划个人从业认证资质

旅游规划是创造性思维活动，规划水平的高低，实质上是规划人员知识量与知识结构的综合体现。要从当前对规划机构或单位的资质认证扩展到既对规划单位资质进行认证，还要对从业人员进行认证。

通过建立从业人员资质认证制度，可以保证规划队伍的素质，可以不断更新规划队伍的知识体系。从业人员资质认证，可以很好的融合旅游经济、园林建筑、工程建设、历史文化、管理营销等各方面的专业人才。使旅游规划行业真正具有高开放程度和高市场化程度，致力于旅游业发展，提高产业素质。

3.引进规划评审第三方服务机制

目前我国旅游规划评审，基本上都是会议评审，而国家对评审人员的人数、专业结构、来源以及对评审表决方式和成果鉴定意见等都没有具体规定，使得规划的鉴定意见不明晰。此外，专家规划、专家论证、专家评审、政府决策的套路，没有社会公众的参与，不能体现社会公众的愿望与要求，旅游规划难以与市场环境匹配。

引进第三方服务机制，既有利于旅游规划评审本身的公平公正，还有利于鼓励让公众不同层次、不同程度、不同渠道地参与到旅游规划的编制、决策和实施中来。第三方服务机制和公众参与是未来旅游规划的必然道路。

4.建立编制方的风险经营机制

当前，旅游规划的编制方实际上进行的是一种无风险的经营机制。"领导满意，专家高兴，评审通过"，规划的编制任务就完成了，就可以合理合法的收取全部的规划设计费，至于规划最终实施效果的好坏，则与旅游规划设计单位无关了。即便是所作的规划对地方经济的影响是负面的，旅游规划单位所获得的收益也不会受到影响，对其继续承接其他旅游规划项目也无大碍。旅游规划单位不需承担规划实施后的任何不良后果，不用承担旅游项目规划实施的风险成本，就形成了旅游规划单位一定层面的无风险经营。

在没有风险机制约束的情况下，制订旅游规划的态度如何完全是靠规划制订者的责任心和道德意识来自我约束，负责任的单位会自觉地尽职尽责去完成项目规划，不负责任的便敷衍了事，这成为导致旅游规划成果质量参差不齐的主要根源。把获得利润作为主要使命，在利益的驱使下，一些旅游规划单位和规划者的职业精神和行业素养堪忧。因此，必须建立旅游规划的质保金制度、业绩公示制度、售后服务制度，杜绝旅游规划编制方的无风险经营机制，从而确保旅游规划的质量。

箭扣长城　（殷帆 摄）

参考文献：

[1] 刘德谦.旅游规划刍议[J].旅游学刊,1993,8(3):17-20.
[2] 彭德成.对我国旅游规划工作的现状、问题与对策的研究.旅游学科,2000(03):40-45.
[3] 刘德秀.旅游规划质量管理刍议.学术论坛,2003,158(3):68-71.
[4] 林越英.浅论我国旅游规划管理中存在的主要问题及解决对策.北京第二外国语学院学报,2003,113,(1):38-40.
[5] 陈国生.旅游规划编制的全面质量管理.上海市经济管理干部学院学报,2006,9(5):22-27.
[6] 栾坤、熊礼明.对旅游规划单位无风险经营与旅游规划质量的思考.桂林旅游高等专科学校学报,2007,18(2):198-201.
[7] 师守祥.国标《旅游规划通则》反思.地域研究与开发,2009,28,(1):62-67.

旅游规划需要什么样的人才？

文／戴学锋

【摘要】 旅游业快速发展，旅游规划持续升温，荟萃了各方人才。而旅游规划人才除了具备专业知识外，还必须文理兼通，拥有博学多才的学识；能够博采众长，具备团结合作的精神；还要具有运筹帷幄，决胜千里的能力。而在这之外，旅游规划者应该具有关注生命、热爱自然的情怀，静如雌龟、动如脱兔的性格，以及襟怀坦荡、无私奉献的品格。

【关键词】 旅游；规划；人才

近年随着旅游业的快速发展，各种旅游规划、策划持续升温，也吸引了各方人才。旅游规划牵扯的范围极为广泛，需要各个方面的专家，每个方面的专家都可在旅游规划中发挥应有的作用。但主持旅游规划，特别是地方大型综合性旅游规划，却不是简单具有专业知识就能做好的，除了专业知识外，还必须具备：

一、文理兼通，博学多才的学识

特殊地貌、文物古迹、气象奇观、风土人情、城市景观等等都可规划成为旅游产品，旅游规划无一定之规，"强为之容"地将其规范化，必裹足不前，难有创新，难合市场之辙。从某种意义上讲，旅游规划如同写诗，真正的好诗往往是"功夫在诗外"。旅游规划也需要规划之外的功夫。旅游规划与历史、地理、民俗、建筑、园林、经济、环保等社会经济诸多方面都具有密切的联系，因此只有博学的杂家才能游刃有余地统领规划。

二、博采众长，团结合作的精神

即使是一个人博学家，其知识也必定是有限的，而旅游规划牵扯面极广，必须多学科合作方能形成完美的规划。因此，能否有与不同观点的人合作至关重要。在规划讨论过程中真正学习别的学科之所长，避自己擅长学科之所短，谈何容易！市井小民尚且敝帚自珍，况在某一领域内学富五车、著作等身的泰斗？而且多数学者大都长于独立研究，且在研究过程中往往为了坚持自己的主张舌战群儒。因此，在规划中，规划负责人必须善于协调各方观点，去粗取精，去伪存真，有时为了规划的完整性必须痛下决心割爱一些非常有创意的观点。对规划组中的不同观点，具有"坚决反对你的观点，但坚决捍卫你坚持观点的权利的态度"。在这个过程中，团结协作的精神最为难能可贵，而要真正实现团结协作，领军者的人格魅力同样重要。

作者简介：戴学峰 中国社会科学院财贸所旅游与休闲研究室副研究员。

三、运筹帷幄，决胜千里的能力

旅游规划的领军人，不仅仅要有广博的知识和团结协作的精神，还要有拨开云雾见月亮的法眼。电影《末代皇帝》和《大红灯笼》曾让东北和山西的一些景点大大火了一把。这绝不能仅仅看成是电影炒作的结果，更应看成是编剧、导演有意无意间点化了平常人认为平常的东西。此中秘密关键是从什么角度看，什么人看。其实，吾侪俗辈临大川、巨壑、千年古刹也往往难领略其中神奇，然一经名家点化顿觉奥妙无穷。旅游规划师就必须具有这样一双法眼，才能化腐朽为神奇，化繁琐为神奇，化"不化"为神奇。旅游规划，"真传一句话，假传万卷书"，最需要那"能够点得着火"的一句话。这句话如同种子，能成长为一颗枝条繁茂，具有内在生理联系的大树。否则，再多的不着边际的点子也是胡思乱想，也是没有有机联系的一把种子，只能长出一片荒芜的杂草。

四、关注生命，热爱自然的情怀

旅游规划者不应简单成为甲方的雇佣者，他必须具有自己独立的人格，其中关爱生命、关注社会、热爱自然的人文情怀应是最基本的价值观。规划领军人在规划组内要能兼容各种不同的观点，但在承接规划中应具有"道不同，不与共谋"的坚定脊梁，决不能为虎作伥，做有损可持续发展、有损弱势群体的规划。

五、静如雌龟，动如脱兔的性格

规划领军者必须热爱旅游，在考察中能身先士卒，吃得跋山涉水之苦；在与规划甲方交往中，纵横捭阖，内有城府，把握时局。同时，在考察结束后的规划制作过程中，又耐得住寂寞，具有"板凳要坐十年冷"的精神，认真翻阅研读资料，做案牍文章。所谓"读万卷书，行万里路"是也。

六、襟怀坦荡，无私奉献的品格

旅游规划既然需要不同专业合作，就不能心存芥蒂，将一得之见据为己有，甚至为了不让别人了解自己的观点，而藏议讷言；在规划讨论中，应知无不言，言无不尽。因此，规划领军者特别要尊重所有参与者的独立研究成果，在必要的场合应在自己的论述中注明观点的出处（有时，向甲方汇报难以特别说明观点的出处，另当别论）。

此外，旅游规划从某种意义上还是商业行为，而规划本身是智力投入，这种智力投入是非常难用货币来衡量的。比如，谁写了一章价值多少？谁提出了一个观点价值多少？某个创意价值多少？

在当前巨大的金钱诱惑面前，规划者必须有坦坦荡荡的君子之风，而非獐头鼠目的戚戚小人之辈。特别对于规划的主持者更是如此，尽可能正确地评价参与者的智力投入，公正地使用规划费用，这也是向甲方负责的品格。在实践中，规划领军者往往同时是规划联络人，项目负责人，其工作重要而辛苦，从体力、精力与智力的投入与回报上看，真正好的规划，领军者往往是付出最多，回报最少的。

东部华侨城湿地公园

旅游规划的**战略升级**与**模式创新**
——东部华侨城的实践与启迪

文/董观志

【摘要】 东部华侨城是国家环境保护部和国家旅游局联合授予的"国家级生态旅游示范区",获得了世界旅游组织认可的世界级度假旅游目的地。东部华侨城是一种新兴的度假旅游目的地形态,具有规划论证周期长、施工建设时间长、投资规模大、占地规模大、游客容量大、社会影响力强的典型特征。从旅游规划的角度出发,本文对东部华侨城旅游规划的战略要素、战略思想、战略原则、战略创新、战略策划、战略变革等六个方面进行了理性的梳理和系统的研判,提出东部华侨城突破了旅游模式的概念化边界,廓清了旅游开发的生态化路径,倡导了都市旅游的乡村化运动,引领了回归自然的主流化时代,构建了产品功能的多元化体系,激活了资源整合的产业化模式。东部华侨城旅游规划的战略升级与模式创新对中国建设旅游强国具有战略性的蓝本意义。

【关键词】 东部华侨城;旅游规划;转型升级;战略模式

作者简介:董观志 暨南大学深圳旅游学院教授,博士生导师。

深圳东部华侨城茵特拉根瀑布大酒店

2004年3月,南国春暖花开的季节,东部华侨城在大鹏湾畔破土奠基了。这是一个值得铭刻的事件,她是华侨城集团实施品牌扩张战略的历史性跨越,她是深圳发展滨海大旅游的战略性标志,她是中国旅游业开拓新领域的一次原创性探索,她是全球化背景下旅游转型升级的开创性象征。

大鹏展翅,扶摇直上。东部华侨城在深圳东部的山海之间崛起,这种崛起不仅以高效率的物质形态建设为标志,而且是以高品质的绿色文化建设为脊梁,成就了中国式的世界级度假旅游目的地。只要真正走进东部华侨城,走进东部华侨城的山山水水,走进东部华侨城的建设者和经营管理者中间去,你就会强烈地感受到东部华侨城战略智慧的震撼,惊叹东部华侨城旅游规划的模式创新。

一、六大战略要素,突破了旅游模式的概念化边界

东部华侨城是张扬华侨城旅游品牌的新基地。自1985年在深圳湾畔创立以来,华侨城集团不断刷新中国旅游业的纪录,在中国主题公园领域独领风骚,在旅游地产业界长袖善舞,成为领袖型企业。东部华侨城乘势而为,在战略理念上秉承了华侨城集团"敢为天下先"的开拓精神,开始了旅游新业态的原创性探索。东部华侨城紧紧围绕"生态、文化、康体、娱乐、亲和、品质"等六大战略要素,整体推进战略规划、策划设计和施工建设工作,成就了具有新兴旅游特质的世界级度假旅游目的地。

东部华侨城的生态是自然天成的原生态,这里有山海呼应的辽阔视野,绿树成荫的美妙风景,曲径通幽的湿地园林,宁静祥和的鸟语花香。东部华侨城不仅慧眼识珠选择了这里的原生态,而且始终坚持"生态保护大于天"的建设理念不动摇,保护了这里的原生态,"野趣、生态、自然"是东部华侨城成功的法宝。

东部华侨城的文化是"尊重自然、师法自然、回归自然"的生态休闲文化。尊重自然就是保持山形地势沟壑的完整性和森林生态系统的原始性,师法自然就是遵循自然规律在青山、绿水、茶田和湿地之间营造悠闲、情趣、浪漫和欢乐,回归自然就是为都市人享阳光之美、听天籁之声、寻森林之幽、品茶溪之韵、悟人生之道创造条件和提供方便。东部华侨城不仅把这种文化深深地植根于战略规划与施工建设之中,而且还精心策划了大型音乐舞美晚会《天禅》、《天音》和《天机》,贡献了最具艺术品位的文化经典巨作,把天人合一演绎的美妙绝伦。

深圳东部华侨城大峡谷海菲德小镇

深圳东部华侨城茶溪谷茶翁古镇

东部华侨城的康体是健身益智的公众体育运动。大峡谷的峡湾森林、发现之旅、地心之旅、太空之旅、激流之旅和云中部落六大主题项目,为回归自然的人们提供了互动参与的体验活动;茶溪谷的童真体验、自然艺术、茶岭闻香、竹溪寻幽、森林氧吧和锦绣湿地六大主题项目,为现代都市的人们提供了品茗游园的健身活动;云海谷的"五线两营地"主题项目,为休闲健身的人们提供了高品质的公众户外运动。东部华侨城不仅是珠江三角洲地区的生态旅游区,而且是国内一流的开放性公众体育公园。

东部华侨城的娱乐是艺术性的大众化娱乐活动。依托自然的生态环境和独特的主题意境,通过艺术的提炼和技术的深化,将三洲田的山水、茶溪谷的茶艺、大峡谷的神奇、风情小镇的精彩、体育公园的活力和《天禅》的气势磅礴整合成人们陶醉其中的阳春白雪和下里巴人。东部华侨城的娱乐活动是野趣的,人们远离都市的尘嚣来到这里享受回归自然的纯粹;东部华侨城的娱乐活动是大众的,开放性的自然环境为人们忘情山水展开了宽阔而美妙的怀抱;东部华侨城的娱乐活动是动态的,大峡谷、云海谷、茶溪谷、体育公园和风情小镇形成了具有韵律感的娱乐线索,随山就势布局的参与性项目与娱乐性活动为人们构筑了流连忘返的欢乐世界。

东部华侨城的亲和是天人合一、返璞归真的亲情随和。人们融入这里的真山真水,体验大地的博大深情,享受最完美的"禅意生活";陪伴家人来到这里,其乐融融地参与健身益智的休闲活动,享受最甜蜜的"天伦之乐";亲友同事结伴而行,来到这里参加妙趣横生的营地活动和休闲健身的体育运动,享受最友善的"快乐时光"。这里是人与人、人与自然、自然与自然和谐共享的惬意世界。

东部华侨城的品质是体验人生真谛的天道禅意。东部华侨城不仅是自然的生态旅游目的地,而且是诗意的现代生活方式。这里的真山真水是原生态的自然环境,这里的风情小镇演绎着原汁原味的生活,这里的休闲娱乐植入了高新科技的时尚元素,这里是童话般的人生梦工场,体验欢乐、激情与祥和的祈福圣地。

"生态、文化、康体、娱乐、亲和、品质"等六大战略要素,突破了传统旅游的概念边界,诠释了现代旅游的核心内涵,提升了旅游模式的运作层面。传统旅游强调"吃、住、行、游、购、娱"等六个要素,注重在产品层面上满足游客单一方面的需求,是一种简单的平面型旅游运行模式。东部华侨城的六大战略

深圳东部华侨城大峡谷海菲德小镇

要素注重在产业层面上协调生态、文化、游客、社区居民和企业的利益关系,是一种系统的复合型旅游运行模式。

二、五大战略思想,廓清了旅游开发的生态化路径

战略是一种长远的谋划,思想是一种影响全局的力量。只有战略没有思想,战略就成了海市蜃楼;只有思想没有战略,思想就成了井底之蛙。在市场竞争日益国际化和资源供给日益短缺化的时代背景下,战略思想是企业可持续发展的指路明灯。在战略层面上,东部华侨城始终坚持走生态化的发展道路,做世界级的生态旅游目的地。

"把东部华侨城建设成生态旅游示范基地",不仅是华侨城集团对东部华侨城的殷切希望,还是东部华侨城脚踏实地努力奋斗的战略目标。"生态保护大于天",凝结着华侨城集团对东部华侨城的高度重视,昭示着东部华侨城建设必须遵循的主导思想。东部华侨城充分发挥集体的战略智慧,提出了"五个一"的战略思想:一流的环境保护,一流的规划设计,一流的施工建设,一流的生态景观,一流的服务管理。"五个一"细化了"建设国家生态旅游示范区"的战略目标,落实了"生态保护大于天"的主导思想,形成了可操作的战略思想体系,廓清了东部华侨城生态旅游发展的基本路径。

"五个一"是发展生态旅游的价值体系,即环境保护是发展的平台基础、规划设计是发展的统筹纲领、施工建设是发展的操作过程、生态景观是发展的理想成果、服务管理是发展的关键保障。"五个一"是一个系统化的逻辑关系,既相互依托,又相互促进,充满了哲学的辩证法,反映了东部华侨城的科学发展观。"五个一"不仅是东部华侨城行为、信念、理想与规范的准则体系,而且是东部华侨城为生态旅游可持续发展贡献的社会性规范体系,对生态旅游的价值取向、理论理性和发展实践将产生根本性和全局性的影响。

三、四大战略原则,倡导了都市旅游的乡村化运动

旅游是一种文化空间的跨越行为和试图超越现实的生活方式。现代都市的崛起形成了一种强势的社会文化和物质载体,使旅游成为依附于都市的精神文化活动和现实经济活动,都市

深圳东部华侨城茶溪谷茵特拉根小镇

旅游已然成为现代旅游的主导模式。人们在品味了各种都市旅游的文化游戏与商业故事之后，产生了心理上的陌生感和物理上的距离感，开始重新追寻平和、宁静、悠闲和健康的乡村旅游，酝酿着向生态休闲旅游模式转型变迁。东部华侨城正是领悟到了这个临界点强劲脉搏的华侨城，为都市旅游的乡村化贡献的开山力作。

现代都市旅游的乡村化变迁倾向，是深受多元文化浸染的结果。这种变迁既不是都市旅游向乡村的简单蔓延和转移，也不是乡村对都市旅游的盲目模仿和移植。那么，这种变迁的形态和机制是什么？如何在这种变迁中顺势而为？东部华侨城用战略智慧慎重审视了这种变迁的态势，发现这种变迁是现代社会多元文化激发的活力与主导的潮流，这种多元文化是本土文化+国际文化+科技文化+平民文化+休闲文化+绿色文化的渗透与交融，表现出传统性文化与现代性文化的碰撞与和谐。东部华侨城敏锐地感悟到了这种多元文化的精髓和大趋势，提出了以"原生型乡村"发展都市旅游的四大战略原则："生态保护，以人为本，合理规划，可持续发展"。四大战略原则真正全面、正确、充分地体现了科学发展观的思想内核，这是东部华侨城在旅游业发展问题上对科学发展观的真切诠释。

四大战略原则是东部华侨城紧紧抓住"山地、生态、旅游、都市"四个功能元素，因地制宜、因时制宜、因势制宜和因人制宜进行战略决策的智慧结晶，从而形成了四个元素叠合的功能体系，倡导了都市旅游的乡村化运动。第一大原则：生态保护是前提和基础。山地是东部华侨城的原生地貌格局，因地制宜就是尊重用地的原有格局和场地特征，使规划对用地格局的改变减少到最小，从而确保建设对用地格局的干扰减少到最少，为东部华侨城的发展提供原生型的自然大背景。第二大原则：以人为本是宗旨和根本。人类源于自然，人从本能上就亲近自然，为人们提供欣欣向荣的自然生态环境体现了以人为本的核心精神。因时制宜就是保护用地范围内各种生态型的植物群落和自然生境，提供人与自然亲密接触的机会与和谐共处的空间。第三大原则：合理规划是手段和过程。旅游是东部华侨城的核心功能，只有合理规划才能保障核心功能形成体系且获得成长机会。因势制宜就是要准确把握现代都市旅游的乡村化变迁趋势，把这种变迁后的乡村化都市旅游做成文化特色，做成长线产业，做成欢乐的事业。第四大原则：可持续发展是理念和目标。都市是东部华侨城的人文脉络。因人制宜就是要张扬深圳现代化的生动活泼气息，传承珠三角地区岭南文化的豁达乐观精神，把东部华侨城建设成具有文化意义的都市生态旅游目的地。

四、三大战略创新，引领了回归自然的主流化时代

自从罗马俱乐部在《增长的极限》和联合国在《只有一个地球》报告中警示人类，必须正视经济增长带来的全球化生态危机以来，一个以最大限度地保护地球资源为核心的绿色文化已风靡世界，形成了全球性的绿色运动。在绿色思潮全球化的背景下，在今日中国日新月异的都市中传统文化的魅力正在强劲地回弹，以家庭为核心的社会形态正在聚合力量，外来的异域文化在交融磨合中开始被理性地为我所用，回归自然已经初露端倪。深谙东西方生态文化精髓的东部华侨城，洞察到了现代商业文化与传统生态文化加速融会合流，从新城市文化层面上产生全新的文化概念，回归自然已经成为区域文化定位和产业规划策略的一种大趋势。东部华侨城用战略智慧把握住了这种大趋势，开始实施"自主创新、引进再创新、集成创新"三大战略，用生态旅游构筑绿色文化产业的创新舞台和发展模式，引领了都市旅游回归自然的主流化时代。

回归自然的都市旅游是一个错综复杂的系统工程。它改变了传统的都市旅游就是商务旅游的线性关系，突破了旅游发展过程中都市与乡村、商务与生态的疆域，增加了难以把握的影响旅游发展的动力要素。因而，对于中国的旅游业来说，这是一个完全陌生的时代。都市旅游回归自然是一种具有文化脉络和空间脉络的渐进式演变，这种演变对东部华侨城是一种巨大的、空前的和严峻的挑战。

东部华侨城审时度势，牢牢把握变革时代的主流方向，积极推进三大战略创新，切切实实地建成了一个活力与魅力和谐共生的都市生态旅游目的地。这个目的地通过自主创新营造了丰富多彩的具有高文化品位的主题休闲活动，通过引进再创新构筑了共享参与的具有高技术含量的娱乐休闲项目，通过集成创新建设了功能多样的具有高生态品质的运动休闲环境。

东部华侨城的自主创新主要体现在三个方面：一是区域开发的总体规划，克服了用地区域地形地貌复杂多变的有形障碍，突破了常规投资开发大兴土木的无形制约，打破了功能布局中平面布局线性功能的思维定势，形成了"山地生态做背景+功能布局用组团+项目设置重主题"的规划战略。二是整体功能的选择定位，把握了现代旅游转型升级的总体趋势，抓住了生态旅游模式变迁的内涵本质，顺应了都市旅游回归自然的主流方向，形成了"生态旅游+娱乐休闲+郊野度假+户外运动"的综合性山地休闲度假功能体系。三是主题项目的策划设计，规避了都市旅游追求时尚的快餐文化误区，超越了乡村旅游游山玩水的传统概念，扩展了现代旅游吃住行游购娱的简单功能，形成了"充满野趣+动感参与+独特体验+品质生活+文化

深圳东部华侨城茶溪谷湿地花园

渗透"的实用性主题和平民化项目。

东部华侨城的引进再创新主要体现在四个方面：一是理念引进的再创新，主要反映在借鉴美国肯尼迪宇宙航天发射中心的全景式多角度太空体验项目概念建设太空之旅、采用欧洲的湿地保护概念建设人工湿地、运用美国国家公园的造林手法建设台地式生态停车场等方面。二是技术引进的再创新，主要反映在引进采用纳米技术的太阳能监控系统、风力发电的旅游景观风车群等方面。三是设备引进的再创新，主要反映在引进双坡山地观光缆车、森林小火车、山地"自然之眼"观光塔、"大鹏之翼"登峰造极等方面。四是项目引进的再创新，主要反映在大峡谷瀑布、峡湾漂流、茵特拉根小镇、海菲德小镇、公众体育公园等项目的建设过程之中。

东部华侨城的集成创新主要体现在六大系统的构建过程中：一是原生态系统的保护，采用了一系列的节能、环保和资源再利用等工艺和技术。二是区域功能系统的构建，注重了休闲度假功能与生态保护功能的有机结合。三是生态旅游项目系统的布局，将人与自然空间环境、社会空间环境有机融合，构成了亲地、亲水、亲绿、亲动物、亲子、亲情的和谐空间与机会，成就了人们的绿野金梦。四是旅游通达系统的组织，景区采用了有轨交通、道路交通与游园步行系统的组织方案，注意了景区交通与城市交通的对接和匹配，兼顾了中国式汽车时代有车族与无车族的利益和便利。五是景区水电供给系统与垃圾处理系统的建设，充分利用自然条件开发自备的循环利用系统，注重了景区经营的未来需求与城市基础设施的配套和功能转换。六是安全保卫系统的构筑，用科技手段系统地建立了森林火灾、森林病虫害、崩塌滑坡、高山雷灾、水土流失、水库洪涝灾害等防灾减灾的保障措施与紧急预案，建立了防御中暑、防治毒蛇毒虫咬伤、防止意外伤害和处置突发社会治安事件等安全保护的信息化系统与快速反应系统。集成创新整合了东部华侨城的生态环境资源，提升了东部华侨城的区域功能品质，强化了东部华侨城生态旅游的示范意义，决定了东部华侨城作为都市旅游乡村化先行者的创新价值。

五、二大战略策划，构建了产品功能的多元化体系

现代大工业和高科技给予人们更多的闲暇时光和文化冲击，日益加快的经济全球化进程不断改变着人们的生活方式和价值观念，开放与竞争促进了休闲文化与世俗生活的多元化和多变性。这种多元化和多变性经过改革开放的消纳与融会，正

在成为一种追寻慰藉心灵的文化动力，从而使多样化、个性化和知识化的消费需要成为市场的主流力量。东部华侨城敏锐而执着地把握住了这种现代市场的战略性趋势，在"同心圆理论"和"发展自主品牌"的战略主导下，为现代社会具有独特人生追求、生活方式和思维逻辑的人们系统策划了可以深度体验和互动参与的生态文化环境和休闲娱乐项目，构建了产品功能的多元化体系。

在策划设计实践中，东部华侨城不断探索和归纳总结，形成了一系列的成功经验和深刻体会，保证了区域整体开发的高效率和高品质。东部华侨城的实践证明，这些实践可以定格为一种高端战略策划的理论：同心圆理论。东部华侨城的同心圆理论可以概括为生态保护是战略圆心，文化创新是圆的半径，观光、康体、娱乐、休闲、度假分别是圆周。生态保护具有相对的稳定性，文化创新是一种具有高弹性的可变力量，圆周是产品的功能特征。东部华侨城通过文化创新的张力，策划了大峡谷的峡湾森林、太空之旅、激流之旅、地心之旅、发现之旅和云中部落等主题项目，茶溪谷的茶翁古镇、竹溪寻幽、童真体验、自然艺术、森林氧吧、秋山红叶、闻香茶岭、锦绣湿地等主题项目，云海谷的休闲健身、生态探险、时尚运动、休闲娱乐、户外运动和体育公园等主题项目，茵特拉根和海菲德等风情小镇，2个山地高尔夫球场、3个生态主题公园、3座主题文化小镇、4家主题风情酒店、4台主题魔幻演艺、主题旅游地产和主题佛国福地共同构筑了一个山上与山下结合、生态与科技结合、静态与动态结合、大分散与小集聚结合、传统文化与现代文化结合、物质载体与精神虚拟结合的产品功能体系，体现了生态优先、文化优先和游客优先的战略策划思想。

发展自主品牌是东部华侨城的一个永恒主题。东部华侨城始终坚持自主创新，主要集中在两个方面进行了自主品牌的建设：一是物质载体的休闲娱乐项目，构筑了三大功能区域（大峡谷、茶溪谷和云海谷）和二十一个主题项目（大峡谷六个、茶溪谷六个、云海谷七个和两个风情小镇）的生态旅游吸引物体系。二是精神文化的休闲娱乐项目，策划了茶溪谷国际旅游文化节、欧洲乡村音乐节和迎春山花节等主题性文化活动。

六、一大战略变革，激活了资源整合的产业化模式

旅游其实就是一种体验文化的休闲行为，从本质上讲是周而复始的文化再生运动。它带给人们体验过程中的惊喜和愉悦，拓展和丰富有限的人生，促进人与人、人与自然之间的交流与理解，从而继承传统文化和创新现代文化，实现人类的可

深圳东部华侨城茶溪谷四季植物馆

持续发展。在市场经济条件下，企业是旅游可持续发展的关键力量，没有旅游企业的可持续发展，就不可能有实质意义上的旅游可持续发展，产业模式是决定旅游企业可持续发展的一个关键因素。

面对这样一个重要而且无法回避的课题，东部华侨城进行了有益的探索和尝试。在探索与实践过程中，东部华侨城通过比较分析，总结出了目前区域旅游发展模式的几种主要类型：一是一业为主，一地经营，力求做精做深；二是一业为主，多地经营，力求做品牌做连锁；三是一地为主，多业经营，力求做产业做规模；四是多业发展，多地经营，力求做大做强。凡事不可能一蹴而就，东部华侨城在策划产业发展模式的过程中，立足战略层面，对市场的战略动态和自身的战略资源进行了系统的研究，明确了发展的战略目标、经营理念和管理思想，形成了"立足一个基地、发展一个产业、经营一套体系"的发展模式，可以把这种模式定义为"三洲田模式"。立足一个基地就是立足深圳东部的三洲田，发展一个产业就是发展生态旅游业，这是非常清晰的战略定位。东部华侨城产业发展模式的创新意义，就在于提出了"经营一套体系"的新概念，这里的"一套体系"是整合了生态环境资源、华侨城品牌资源、中外专家智力资源、产品功能资源、市场区位资源、企业运行机制资源、政策保障资源等资源优势，由价值链构建起来的、保障盈利能力和成长机会的商业模式体系。东部华侨城在市场细分、产品设计、经营运作、后勤保障等方面，对传统旅游景区发展模式进行了革命性创新，从本质上讲，东部华侨城是一个世界级休闲度假目的地，经营的是一种有文化品位的生活方式！因为是休闲度假目的地，所以解决了游客的到访总量、体验活动与滞留时间问题；因为是有文化品位的生活方式，所以解决了游客的到访频率、消费方式与文化认同问题。这两者的集成融合，就形成了一种新兴的旅游发展模式，为东部华侨城构建具有价值链逻辑关系的产业体系奠定了坚实的基础，保障了东部华侨城作为世界级度假旅游目的地的快速崛起。

杭州萧山区旅游产品定位分析
——以典型案例地萧山区为例

文/刘家明 王润 张宪玉

【摘要】 从目前国内旅游和假日旅游消费行为特点看，以城市郊区为旅游目的地的短程旅游呈现不断增长态势，尤其以上海、北京、广州、杭州等大城市最为明显。本文以大都市旅游市场出游特征调查为基础，构建了大都市郊区旅游定位的理论依据和模型，解决了都市郊区旅游发展的核心问题——旅游产品定位，揭示出大都市郊区多数属于旅游资源非优区，没有传统观光旅游资源的依托，必须走无景点的休闲度假旅游之路。以杭州市典型案例地萧山区为例，对大都市郊区旅游产品定位问题进行理论和实证分析，认为萧山区应与杭州市区产品互补，以创新为理念，构建城郊二元结构的产品谱系，指出都市郊区应重点开发郊野休闲公园、休闲农业、康体娱乐、体育运动等休闲度假旅游产品，建设以主题景区为龙头的休闲度假旅游目的地。本研究旨在对大都市郊区旅游发展提供有益参考。

【关键词】 旅游产品定位；大都市郊区；杭州萧山

一、引言

大都市郊区地处大都市与乡村环境之间的过渡地带，具有距离客源市场较近与生态环境较好的双重优势，成为都市旅游开发的重点空间。但是，大都市郊区往往缺乏文化遗产和自然遗产类的传统观光资源，难以发展具有大尺度空间（long-haul）吸引力的观光旅游产品。那么，大都市郊区究竟发展哪些旅游产品类型或曰如何科学定位旅游产品是郊区旅游发展的核心问题，它是联系旅游市场需求与旅游目的地供给之间的桥梁。旅游产品定位准确与否，直接关系到区域旅游发展的成败。杭州市萧山区原为萧山市（县级市），2001年撤市改区。1998年以来，萧山区在商务会展旅游市场的推动下，宾馆饭店得到极大地发展，旅游产业规模跃居杭州市所有郊区县之首。但是，萧山区由于缺乏全国著名的名山胜水和历史遗存类的旅游资源，造成旅游产品定位困惑和形象不清等问题，也造成政府不同部门和不同领导在旅游产品发展观念上的巨大差异，甚至政府应该投入多大精力发展旅游都存在很大的争议。如何科学地定位杭州市萧山区的旅游产品，并提供强有力的理论依据，统一不同政府部门领导的思想，对萧山旅游产业的进一步向前发展不仅具有重要的实践意义，而且对区域旅游发展具有一定的理论指导意义。本文剖析萧山区旅游产品发展的现状，指出旅游产品发展定位问题，依托已有的旅游理论基础，给出萧山旅游产品正确合理的定位。

旅游理论与实践类似，也是处于摸索探讨的过程中，在逐步走向完善。在我国旅游发展过程中，旅游规划界曾经出现过旅游资源派和旅游市场派的划分[1]。随着我国旅游发展的成熟，逐渐发现资源派和市场派二者都有些偏激，也都存在着一定的弊端。之后，有学者提出营销导向的旅游产品规划模式，综合历史分析、资源分析和环境分析的基础上，进行旅游产品定位[2]。旅游产品创新是中国旅游业和旅游产品发展的必然趋势[3]，问题的关键是：如何进行创新？结合具体的区域，又应该如何结合理论进行实践创新？

在国外的旅游规划专著中，提出旅游产品定位和规划要以旅游市场需求为导向，进行合理化配置[4]。普恩(Poon)的可塑性理论认为，旅游目的地要想不断提高竞争力，就必须保持可塑性，即永远的创新、不断的变化。旅游产品是可变的、

作者简介： 刘家明 中国科学院地理科学与资源研究所，旅游与社会文化地理研究室副主任，博士，硕士生导师。
王润 中国科学院研究生院，博士研究生。
张宪玉 北京联合大学旅游学院，博士。

可细分的、可根据市场的变化而塑造的，产品创新是市场策略的关键，这主要在于新产品的开发。基于旅游产品创新这一思路，吴必虎尝试采用一种折中的资源（Resource）、市场（Market）和产品（Product）三位一体的RMP分析方法来给出洛阳市旅游产品定位的理论支撑[5]。王学锋针对旅游产品创新的基本问题进行了研究[6]。吴相利总结指出目前中国工业旅游产品开发的十种模式，并对每种发展模式进行了发展特点的归纳和案例的举证分析[7]。邓明艳认为我国有极其丰富优越的体育旅游资源，关注并开发体育旅游市场是我国旅游业可持续发展的重要战略[8]。

研究大都市郊区旅游问题是一个十分有意义的方向[9]。随着旅游产品在我国开发的广度和深度的加剧，旅游理论在不断深入、细化和完善，出现了大量针对城市及其周边旅游的研究文章。许春晓从旅游资源非优区的角度，研究了城市周边缺乏传统优势旅游资源的旅游开发问题，讨论了传统旅游资源非优区的旅游发展模式[10]。保继刚、古诗韵结合城市发展，对城市游憩商业区(RBD)进行了初步研究[11]。李九全研究了西安周围环城风景区的开发[12]。吴必虎以上海市为例，对大城市环城游憩进行了研究[13]。刘家明从区域旅游空间结构角度研究了城市旅游空间布局模式[14]。庞振刚、董波从上海建设国际生态城市的角度出发，研究了上海城乡交错带生态旅游开发战略[15]。张力仁讨论了我国城市郊区休闲度假旅游的消费结构、开发模式和管理方式，以及实现休闲度假旅游持续稳定发展的若干问题[16]。贡保南杰通过对北京市郊区旅游的研究，提出了北京市旅游四圈带模型[17]。苏平等以北京市为例，研究了北京环城游憩带旅游地类型与空间结构特征[18]。吴国清从生态学角度研究了城市郊区生态旅游开发的模式及产品设计[19]。吴承忠总结了国外大都市郊区旅游发展的9个特点，主张综合运用盖恩的环带旅游模型、作者提出的海港型都市半环带旅游模型、罗多曼模式、克罗森·吉·来奇模式，结合大都市郊区自然及文化资源、城市特色等制定最优的郊区旅游发展战略和景观规划[20]。金卫东分析了美国东部都市群旅游产业密集带的形成和发展，及其与都市群互动发展的过程和特点，初步探讨了旅游产业密集带的成因和启示，并对我国长三角地区在城市规划过程如何打造旅游产业密集带提出建议和对策[21]。

从上述研究可以看出，旅游发展理论的逐步深入完善，对指导区域旅游产品定位提供了理论依据。但针对大都市郊区旅游的研究刚刚起步（主要集中在2001~2004年期间），研究内容主要集中在大都市郊区旅游空间结构上以及中心城市与郊区旅游的关系研究。对于旅游产品定位这一旅游发展的核心问题尚没有进行研究。因此，从已有理论出发，结合萧山区具体情况，研究大都市郊区旅游产品定位问题，是对我国大都市郊区旅游发展问题的进一步深入研究，具有重要的理论意义和现实意义。

二、大都市郊区旅游产品定位理论依据及模型

（一）大都市郊区旅游产品定位的理论依据

1. 从市场需求视角看大都市郊区旅游产品定位

从城市居民的闲暇时间来看，其出游可以分为一日游（不过夜）、周末双休日游（过一夜至两夜）和节假日度假游（过两夜以上）。一日游和周末游采用的交通工具一般为汽车，节假日旅游的交通工具可以是火车、飞机或是轮船。旅行时间、旅游经济成本以及交通工具决定了旅游者在空间上的出游频率，旅游开发商针对旅游市场的这种需求特点，形成了环城市的三环带状开发模式（图1）。一日游地带和周末游主要发生在城市郊区，假日游空间跨度特别大，可以是跨区域游、可以是跨省旅游、也可能是出国旅游。其中一日游圆圈与周末游圆圈之间的地带，就是环城游憩带。

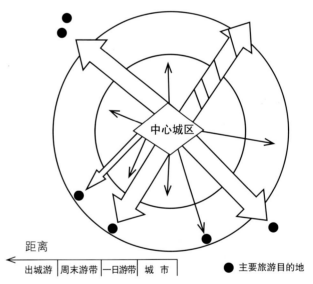

图1 城市旅游市场流动规律与环城旅游带

资源来源：刘家明，区域旅游发展的空间布局规律研究，南开大学博士后出站研究报告，2001。

2. 从产品供给视角看大都市郊区旅游产品定位

杜能在其《孤立国》中谈到了不同距离生产的农业产品运费的距离递增规律，美国城市学者星克莱尔发现离开城市距离越远，受城市化威胁的可能性越小。在笔者的前期研究中发现，随着距离城市的距离不断增大，土地价格逐渐下降，土地

的开发建设强度也在逐渐下降，由于交通成本的影响，游客的到访率也随着距离下降，而环境条件是随着距离变好。反映在产品空间结构上，主题公园是近郊的旅游产品类型，乡村旅游点与旅游度假村是中距离的主导产品类型，在城市的远郊主要分布有风景名胜区。如果将旅游吸引物分为遗产性旅游吸引物（自然遗产和文化遗产）和人造旅游吸引物（主题公园、娱乐园、旅游度假区）的话，那么，从城市到近郊再到远郊，人造吸引物的比例越来越低，遗产性旅游吸引物的比例越来越高。如果将旅游吸引物分为节庆事件、参与性活动景点和观光性景点，那么，从城市中心向外围，观光性景点的比重越来越大，而节庆事件和参与性活动景点的比重越来越小。

表1 旅游产品的距离衰减规律

	环境质量	人次	开发强度	距离
风景名胜区	+++++	++	+	+++++
乡村旅游点	+++	++++	++	++
旅游度假区	++++	+++	+++	+++
主题公园	++	+++++	+++++	+

资料来源：作者整理

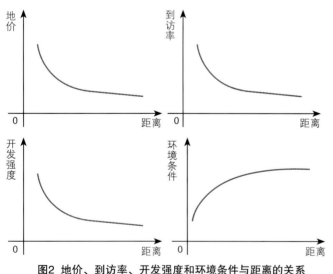

图2 地价、到访率、开发强度和环境条件与距离的关系

资料来源：作者整理

（二）大都市郊区旅游产品定位模型

大都市郊区呈现三环带状结构，再加上中心城区就构成大都市四环带状的旅游空间结构模型，不同带状具有不同的产品发展方向和发展强度（图3）。

1. 城市旅游中心区

在城市内部是游憩商务中心区，集中分布着自然风景、CBD、RBD、高档宾馆、餐馆、酒吧、咖啡屋、会展设施、会议和贸易中心、广场、公园和开放空间（绿化廊道）、动植物园、大型旅游购物场所、步行街、剧院、画廊、历史吸引物（历史景点与建筑等）、博物馆、体育竞技场和体育事件、音乐厅等。另外，在城市旅游中心区还会举办节日和庆祝活动。

2. 环城休闲游憩带

大中城市周边地区（不一定完全是城市郊区）200公里左右以内，是城市居民周末休闲度假的高频出游地区。在发展中国家居民收入水平和教育年限的现实条件下，这种近程、短期、高频的出游行为，在上述领域构成了游憩土地利用密集地区。

城市近郊休闲游憩带是各种室外康体休闲活动（高尔夫球场、跑马场、射击场、水上娱乐世界等）、大型购物场所、运动综合体、夜总会、工业旅游、休闲农业旅游、主题公园和城市郊野公园（含野生动物园）集中区。环城休闲游憩带通常是在地形条件较好，有人工水库、人工栽植的森林公园和园林带。城市周围疗养院和度假村的发展和城郊娱乐地带的建设，伴随着区域城市化的过程。

3. 周末度假旅游带

周末度假旅游带集中分布着各种规模的旅游度假区，这里的住宿设施、各种旅游服务设施非常齐全，度假别墅集中分布在此区。据经验总结，一般离大城市单程3小时的车程是周末环城度假旅游带的最佳空间距离。

4. 生态旅游带

生态旅游带主要旅游形式可以称为乡村旅游，这里分布着自然保护区、国家森林公园以及一些风景名胜区。这里的旅游产品人工痕迹很少，旅游者在这里可以充分体验"回归大自然"的感觉。

三、萧山区旅游产品定位的实证研究

（一）萧山旅游产品开发存在的问题

在萧山2001年划归杭州市管辖后，杭州市新的城市规划显示，杭州大都市空间战略结构为一主、三副、六组团，确定了"旅游西进，城市东扩"的发展战略。萧山区是杭州市城市东扩的主要发展空间，包括江南新城、义蓬组团、萧山在绕城高速公路以内的区域是杭州市最重要的副城市中心区。钱江世纪

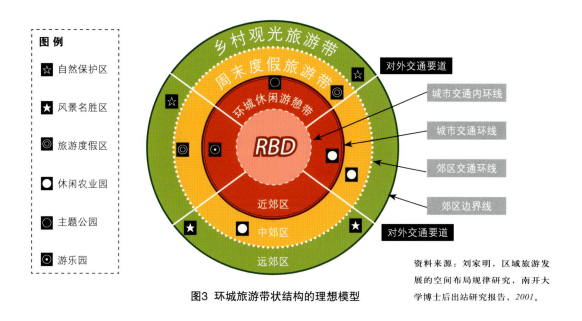

图3 环城旅游带状结构的理想模型

资料来源：刘家明，区域旅游发展的空间布局规律研究，南开大学博士后出站研究报告，2001。

城的规划建设，已经拉开了萧山都市建设的开端。未来的萧山从空间结构上来看，呈现城市与城市郊区的二元结构状态（图5），存在如下问题：第一，旅游产品定位不明确。萧山区旅游产品的开发缺乏明确的定位，造成真正意义上的旅游产品缺失，也造成房地产开发商打着旅游开发的旗帜进行低价圈地的盛行，侵占生态环境优越之地，对萧山旅游发展极为不利。而且萧山现有旅游区内，普遍存在房地产开发过多、建筑密度过大的问题，名义上的休闲度假氛围大打折扣。第二，旅游品牌主题不突出。目前萧山旅游区相互之间存在项目重复建设的现象，凸现个性品牌的特色不足。成功的旅游地都有主打品牌，如哈尔滨主打冰雪旅游牌，深圳主打主题公园牌，拉斯韦加斯主打赌博旅游牌，杭州主打西湖休闲牌，上海主打现代都市旅游牌。萧山潮文化、围垦文化、历史和名人文化等文化类产品与休闲度假类旅游产品整合开发较少。萧山旅游在打"休闲之都、度假天堂、观潮胜地"旅游品牌，实际上是打"休闲度假天堂"品牌，但是核心吸引物是自然或文化遗产、人造吸引物中的哪一种，主题都不够突出。第三，缺乏拳头产品。萧山的主题景区普遍存在规模体量过小的问题，缺少拳头产品，不具轰动效应，难以引爆大众旅游市场。

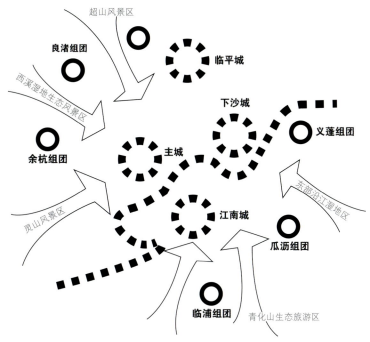

图4 杭州城市空间体系及萧山区内城市发展格局

（二）萧山旅游产品定位分析

萧山在城市形态上表现为城市与城市郊区的二元结构，因此，萧山的旅游产品同样会呈现城市旅游与城市郊区旅游的二元结构特征。城市旅游的主要旅游产品有商务会展旅游、城市购物旅游、城市休闲旅游和节事活动等旅游产品类型。城市旅游吸引物、旅游设施主要有CBD、RBD、高档宾馆、餐馆、酒吧、咖啡屋、会展设施、会议和贸易中心、广场、公园和开放的空间（绿化廊道）、动植物园、大型旅游购物场所、步行街、剧院、画廊、历史吸引物（历史景点与建筑等）、博物馆、体育竞技场和体育事件、音乐厅等。郊区旅游产品以回归自然、返归乡土文化为潮流的综合度假体验为基本特征，类型包括各种主题风格的旅游度假村、休闲农牧渔场（各种采摘园、观光果园、高科技农艺园）、农家乐与民宿旅游、主题公园等。郊区的旅游设施常见的有：高尔夫球场、跑马场、射击场、水上娱乐世界、大型购物场所、运动综合体、夜总会、工业旅游、休闲农业旅游、主题公园和城市郊野公园（含野生动物园）等。

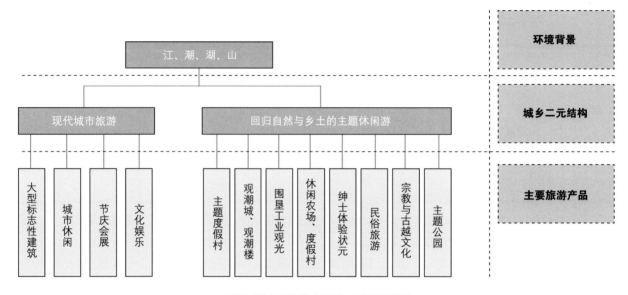

图5 萧山区旅游产品的二元结构谱系

1. 主打"多元"文化主题吸引物的休闲度假产品

除钱江观潮等节庆外，萧山虽然也拥有一定数量的传统旅游资源，如良渚文化遗址—蜀山，湘湖的跨湖桥与越王城山遗址，临浦的西施故里，始于东晋的祇园寺和南朝的江寺，岳飞抗金时行军驻足的欢潭，清代抗英名将葛云飞墓，衙前农民协会旧址等。但在高速成长的工业化、城市化与较为紧张的人地关系背景下，或因资源的遗存状况较差（主要体现为人文类旅游资源），或因区位相对较差（主要为自然类旅游资源），或因投资的机会成本较差（主要是文物考古与历史文化价值较高，但旅游开发价值较低的人文遗址）等因素所致，传统概念旅游资源的开发利用程度较低。

萧山旅游应开发"多元"文化主题吸引物的休闲度假产品，如杭州乐园、东方文化园、传化高科技农业示范园等占地和投资规模较大的旅游园区。以房地产开发为背景的休闲度假和新型参与性娱乐产品在萧山的旅游业发展中扮演了重要角色，开发模式可概述为："主题景区＋江南园林＋度假酒店＋康体休闲项目＋景观地产"。第一，以PUD为基本发展形式。从萧山所有已建和待建的旅游景区点建设与发展的道路看，走的都是旅游经济开发区（在国外称作计划单元整体开发，英文简称"PUD"）的路子，即以主题景区打造核心吸引力，配以休闲康体项目和度假酒店，构成综合性的旅游社区，以满足游客广泛的旅游需求。第二，以"主题休闲度假"为基本运作模式。从各个已建、在建和待建的旅游景区点内部功能分工看，基本运作模式均是：主题景区招徕游客，休闲康体项目和度假酒店留住游客。因此，在萧山，休闲度假是旅游立业之本，代表了现代综合性旅游目的地的发展方向，即"主题休闲度假型主题旅游区"。第三，以多主题、多元化为发展方向。从各个已建、在建和待建的旅游景区点的文化信息构成看，萧山的旅游产品开发正朝着多主题、多元化的方向发展，既有自然山水、人文古迹、水文化展示、潮文化，也有海外风情主题的人造景观、宗教文化、高科技农业主题以及高尔夫球场类型的旅游休闲场所。如为2006年世界休博会主会场所准备的、正在建设的世界休博园与杭州风情园就展示了完全不同的主题，休博园与风情园都位于湘湖边上，一个展示西方风情（已经开始施工，由宋城集团投资），一个展示东方风情（占上风的意见，将由萧山区政府主建）。

表2 萧山区主要大型旅游景区

旅游景区	投资规模（亿）	占地面积（公顷）	开发模式	开发机构
杭州乐园	5.8	230	主题景区+景观地产	杭州宋城集团
杭州东方文化园	4.2	180	主题景区+度假酒店	浙江中强集团
传化高科技农业示范园	1.8	330	主题景区+度假酒店+休闲项目	浙江传化集团
浙江（中国）花木城	1.2	53	主题景区+休闲项目+景观地产	钱江花木城公司

萧山浙江花木城

萧山东方文化园

2. 辅助开发节庆活动与商务会展旅游产品

节庆活动、商务会展与经济实力提升了萧山的旅游人气和知名度，也是带旺各类社会经济活动的重要平台。萧山应坚持走旅游节庆活动与经贸、文化相结合的路子，举办能够带来人气的中国国际钱江观潮节、浙江花卉博览会、萧山杜家杨梅节、萧山兰花节、杭州乐园狂欢节、东方文化园金秋文化艺术节、桃花水母节等节庆活动。萧山世界休博会主会场的建设，将为萧山的商务、会议、奖励、展览旅游（简称会展经济，英文缩写"MICE"）锦上添花。

3. 依据比较优势理论，重点开发湘湖、钱塘江南岸沿江地带和南部山区

从萧山已有、在建、待建及规划的旅游景区点及配套服务设施的空间分布格局看，分布在湘湖周边的已建和待建旅游景区点主要有杭州乐园、世界休闲博览园、世界休闲风情园、东方文化园和山里人家，即目前开放的五个旅游景区点中有三个分布在湘湖；在钱塘江南岸沿江地带，已建和待建旅游景区点主要有中国国际水城、钱江观潮城、南阳观潮度假公园、传化高科技农业示范区、钱塘楼等；萧山南部山区则有待建的杭州生态园、杭州世外桃源、浦阳东湖旅游度假区、河上高尔夫球场、蜀山国际休闲度假中心、云石生态旅游区等。因此，湘湖、钱塘江南岸沿江地带和南部山区是萧山当前和今后旅游业发展的重点区域。

四、结论与建议

都市郊区旅游产品定位具有明显的规律性，呈现由近郊到远郊的不同特征，组成游憩机会谱（ROS）。就具体郊区的旅游产品定位而言，既要考虑其所处的大区域旅游环境，又要考虑自身的资源环境特征和社会经济发展状况。作为杭州市的郊

杭州西湖风景区

区萧山，既要避开苏州园林、杭州三江两湖一山（自然山水＋历史文化）、绍兴历史文化、上海现代大都市、宁波东方港口等强势旅游产品，找出适合自己的产品发展空间，又要与杭州旅游产品实现整合与互补，避免雷同。据此提出萧山依托优越的区位和经济发展优势，主打升级的主题休闲度假旅游产品。依据都市郊区旅游产品定位的理论，在萧山策划针对远程市场的大型、高端、规模化的主题休闲产品或主题公园产品，针对杭州都市居民市场的郊野公园和生态乡村旅游产品，针对机会客源市场和商务市场的商务会展和节庆旅游产品。

参考文献：

[1] 中科院地理所.北海旅游发展总体规划前言,1997（未公开出版）.
[2] 许峰,杨开忠.营销导向旅游产品规划模式与案例研究.经济与管理研究,2003（3）:72-76.
[3] 武邦涛,楼凌雁.实施旅游产品创新战略的研究.技术经济与管理研究,2002,14（4）:81-82.
[4] Clare A Gunn.观光规划:基本原理、概念与案例(第三版),田园城市与文化事业出版社,1999.
[5] 吴必虎.区域旅游开发RMP分析——以河南省洛阳市为例.地理研究,2001,20（1）:103-110.
[6] 王学锋.旅游产品创新的基本问题探析.山东师范大学学报（自然科学版）,2002,17（4）:58-61.
[7] 吴相利.中国工业旅游产品开发模式研究.桂林旅游高等专科学校学报,2003,14（3）:43-47.
[8] 邓明艳.体育旅游产品消费的文化背景.资源开发与市场,2002,18（5）:56-58.
[9] 阎逸,董峰.试论大都市中心城与郊区旅游的空间相互作用.宿州师专学报,2001,16(4):12-14.
[10] 许春晓.旅游资源非优区适度开发与实践研究.经济地理,1993,13（2）:81-84.
[11] 保继刚,古诗韵.城市RBD初步研究.规划师,1998(4):59-65.
[12] 李九全.西安环城区风景区旅游开发研究.经济地理,1999,19（1）:124-127.
[13] 吴必虎.大城市环城游憩带（ReBAM）研究——以上海市为例.地理科学,2001,21（4）:354-359.
[14] 刘家明.区域旅游发展的空间布局规律研究,南开大学博士后出站研究报告,2001.
[15] 庞振刚,董波.上海城乡交错带生态旅游开发战略研究.旅游学刊,2001,16（3）:76-79.
[16] 张力仁.论我国城市郊区休闲度假旅游的发展.韶关学院学报（社会科学版）,2002,23（7）:54-58.
[17] 贡保南杰.北京郊区旅游业发展战略.北京第二外国语学报,2004,（1）:44-54.
[18] 苏平,党宁,吴必虎.北京环城游憩带旅游地类型与空间结构特征.地理研究,2004,23（3）:403-410.
[19] 吴国清.城市郊区生态旅游开发研究.上海师范大学学报（自然科学版）,2003,32（1）:95-100.
[20] 吴承忠,韩光辉.国外大都市郊区农村休闲需求及旅游发展特点研究.地域研究与开发,2004,23(5):88-91.
[21] 金卫东.美国东部都市群旅游产业密集带的发展及启示.旅游学刊,2004,12（4）:38-42.

本期图片除特别说明外，均来源于北大旅研（CRTR）图片库。